Lutherin jalanjäljillä

Matkaopas reformaation syntysijoille

Aue-säätiön julkaisuja
Skrifter utgivna av Aue-Stiftelsen | Veröffentlichungen der Aue-Stiftung
39

Aue-säätiön julkaisuja | Skrifter utgivna av Aue-Stiftelsen
| Veröffentlichungen der Aue-Stiftung 39
ISBN: 978-952-7283-02-8 (nid.)
978-952-7283-03-5 (PDF)
Painatus: BoD – Books on Demand, Norderstedt, Saksa

Palautetta tekijälle voi lähettää sähköpostilla osoitteeseen:
lauri.hokkinen@gmail.com

SISÄLLYS

Lukijalle

Perimätiedon mukaan Martti Luther naulasi 31. lokakuuta 1517 Wittenbergin Linnankirkon oveen 95 teesiä. Luther arvosteli teeseillään katolisen kirkon piirissä keskiajalla vakiintunutta käytäntöä, jonka perusteella synneistä voi vapautua maksua vastaan, ostamalla anekirjeen. Lutherin julkaisemista teeseistä alkoi reformaatio, jota kutsuttiin Suomessa vielä aivan viime aikoina uskonpuhdistukseksi.

Lutherin alkuun panemaa reformaatiota on muisteltu suurissa juhlissa sadan vuoden välein, eri aikoina erilaisin painotuksin. Reformaation 500-vuotisjuhlien edellä järjestettiin kymmenen vuoden pituinen juhlakausi, jonka aikana Saksassa järjestettiin suunnaton määrä näyttelyitä, konsertteja ja muita tilaisuuksia. Siitä voitaisiin päätellä, että paras aika lähteä Lutherin jalanjäljille on tältä erää takanapäin. Itse asiassa tällaiselle teemamatkalle kannattaa kuitenkin lähteä juuri nyt: Luther-kaupunkien hotelleissa on taas tilaa ja ravintoloissa vapaita pöytiä. Vierailu reformaation syntysijoilla on nyt erityisen antoisaa myös siksi, että monet Martti Lutherin ja hänen työtovereittensa elämäntyöhön liittyvistä rakennuksista restauroitiin viime juhlakauden edellä. Pelkästään reformaation ydinalueella itäisessä Saksassa kunnostettiin 28 kirkkoa, luostaria, linnaa tai muuta rakennusta.

Martti Luther asui noin 35 vuotta Wittenbergissä, mutta oli alinomaa matkoilla. Useimmiten hän matkusti alueella, joka sijaitsee nykyisen Saksan keskivaiheilla, sen itäosassa. Tässä oppaassa esitellään aluksi Eisleben, Eisenach, Erfurt ja Wittenberg tärkeimpine Luther-kohteineen. Teemamatkalla, jonka ohjelmaan sisältyvät nämä neljä kaupunkia, saa jo hyvän kokonaiskuvan Saksan reformaatiosta. Esimerkiksi Stätten der Reformation e.V. -yhdistykseen kuuluu Saksassa kuitenkin 25 reformaatiohistoriastaan ylpeätä kaupunkia, ja Saksan valtion

Teemamatkan Lutherin jalanjäljille voi toteuttaa muutamassa päivässä: useimmat kyseeseen tulevista kaupungeista sijaitsevat melko suppealla alueella, Saksi-Anhaltin ja Thüringenin osavaltioissa.

matkailutoimistolla on listoillaan peräti 36 Luther-kaupunkia tai -kuntaa. Olen valinnut tähän oppaaseen edellä mainittujen neljän Luther-kaupungin lisäksi Möhran kylän, josta Martti Lutherin vanhemmat olivat kotoisin, sekä kymmenen kaupunkia. Kahdessa näistä – Mansfeldissa ja Magdeburgissa – Luther asui lapsuudessaan, Wormsissa hän teki reformaation kannalta dramaattisimman päätöksensä, Coburgissa hän asui ja työskenteli noin puoli vuotta, Schmalkaldenissa hyväksyttiin 1537 hänen laatimansa opinkappaleet, jotka kuuluvat myös Suomen evankelis-luterilaisen kirkon tunnustuskirjoihin. Näiden lisäksi olen ottanut mukaan vielä viisi muuta kaupunkia, joiden historia nivoutuu läheisesti reformaatioon, vaikka ne tunnetaankin yleensä paremmin muista asiayhteyksistä. Näistä kolme, Leipzig, Halle ja Jena, luokitellaan suurkaupungeiksi. Weimar on monien Unescon maailmanperintökohteidensa ansiosta erikoisen kiinnostava matkailukohde. Tässä ryhmässä viidentenä mukana on Torgau, koska siellä sijaitsevassa Hartenfelsin linnassa tehtiin 1500-luvulla tärkeimmät reformaatiota koskevat hallinnolliset päätökset; se oli Saksin vaaliruhtinaitten asuinpaikka.

Oppaan alkuosuus etenee Lutherin neljän kotikaupungin mukaisessa aikajärjestyksessä; tarkkaan ottaen Luther asui kuitenkin sekä Eislebenissä, Eisenachissa, Erfurtissa että Wittenbergissä kahdesti. Muut 11 paikkakuntaa esitellään niiden sijainnin mukaisessa järjestyksessä, pohjoisimmasta Magdeburgista eteläisimpään Wormsiin.

Sata vuotta sen jälkeen, kun Lutherin teesit olivat sysänneet reformaation liikkeelle, alkoi Kolmikymmenvuotinen sota. Kuningas Kustaa II Aadolf päätti osallistua tähän sotaan valloittaakseen Ruotsille tärkeitä alueita ja puolustaakseen evankelista uskoa. Hän johti joukkojaan Saksan maaperällä kaksi ja puoli vuotta ennen kuin kaatui Lützenin taistelussa syksyllä 1632. Leipzigin lähellä sijaitsevassa Lützenissä käy enimmäkseen saksalaisia ja ruotsalaisia matkailijoita. Noin 40 prosenttia Kustaa Aadolfin sotilaista oli kuitenkin kotoisin valtakunnan itäisestä maakunnasta, Suomesta. Lützen on siksi varteenotettava retkikohde myös suomalaisille; sen muistokappelista ja -näyttelystä kerrotaan sivuilla 125-128.

Oman matkan etappeja suunniteltaessa kannattaa tutkia tie- tai rautatiekarttoja, ja vastaavasti pyöräreitti- tai vaelluskarttoja, jos matkalla on tarkoitus kulkea pääasiassa polkupyörällä tai jalkaisin. Oppaassa esitellyt paikkakunnat sijaitsevat Wormsia lukuun ottamatta lyhyen tai ainakin kohtuullisen matkan päässä Berliinistä; junamatka Berliinistä Wittenbergiin kestää nopeimmilla ICE-junilla vain 40 minuuttia, junamatka Berliinistä Coburgiin noin 2½ tuntia. Luther-teemamatkan voi toteuttaa muutamassa päivässä matkustamalla Helsingistä Berliiniin ja takaisin lentokoneella. Pienemmällä hiilijalanjäljellä selviää, jos käyttää matkaan enemmän aikaa ja kulkee ainakin osittain junilla ja laivoilla; Helsingistä voi matkustaa laivalla Lyypekin Travemündeen, josta on helppo jatkaa kaikkialle Saksaan rautateitse. Lentomatkoja voi välttää myös matkustamalla Saksaan joko Ruotsin ja Tanskan tai Baltian maiden ja Puolan kautta.

Oppaassa mainitut kohteet löytyvät kaupunkien sisäistä nähtävyysviitoitusta seuraamalla tai kysymällä neuvoa paikallisilta asukkailta tai matkailutoimistosta. Jotta tien kysyminen olisi mahdollisimman helppoa, esiteltävien kohteiden nimet ovat väliotsikoissa saksaksi. Kohteiden suomennokset ilmenevät selostusteksteistä.

Aue-säätiön toiminnanjohtaja FT Uta-Maria Liertz ja säätiön johtokunnan jäsenet dosentti Marjaliisa Hentilä ja kirkkoherra Matti Fischer ovat kannustuksellaan ja kommenteillaan tukeneet hankettani. Kiitän heitä ja oppaan ulkoasusta huolehtinutta kuvataiteilija Maija Toropaista lämpimästi. Suomen tietokirjailijat ry on tukenut käsikirjoitukseni laatimista apurahalla, josta lausun samoin parhaat kiitokseni.

Raisiossa, 1.4.2019
Lauri Hokkinen

Luther-muistomerkki Eislebenissä.

Lutherstadt Eisleben

Luontevin aloituspaikka Martti Lutherin elämäntyöhön tutustumiselle on hänen syntymäkaupunkinsa Eisleben. Lutherin vanhemmat Hans ja Margarete Luder, Lüder tai Lotter – nimestä esiintyy useita rinnakkaismuotoja – muuttivat Eislebeniin Thüringenin metsäseudulta, Möhran kylästä todennäköisesti kesällä 1483. Uuden asuinpaikkansa perhe valitsi tarjolla olleiden työmahdollisuuksien perusteella: Eislebenin-Mansfeldin alueelta oli löydetty kupariliusketta ja sinne oli siksi perustettu useita kaivoksia ja sulattoja. Hansin vaimo Margarete oli muuton aikana raskaana ja synnytti marraskuun kymmenennen päivän iltana lapsen, joka oli perheen poikalapsista vanhin tai toiseksi vanhin.

Keskiajalla monet lapset menehtyivät pian syntymänsä jälkeen. Kirkko ei haudannut kastamattomia lapsia, eivätkä kastamattomat lapset keskiajalla vallinneen käsityksen mukaan päässeet taivaaseen. Kaste pyrittiin siksi toimittamaan mahdollisimman pian. Kasteessa lapselle annettiin tavallisesti sen pyhimyksen nimi, jonka muistoa vietettiin syntymää lähellä olevana päivänä. Martti Luther sai etunimensä Pyhältä Martinus Toursilaiselta, jonka muistopäivää vietetään katolisessa kirkossa nykyisinkin 11. marraskuuta.

Syntymävuotta pidetään nykyisin perusteena niin koulunkäynnin aloittamiselle, äänestysoikeudelle kuin vaikkapa eläkkeelle siirtymiselle. Aikaisemmin sillä ei ollut samanlaista merkitystä, eikä Martti Lutherin syntymävuodestakaan ole täyttä varmuutta: vuoteen 1483 on päädytty Lutherin lähimmän työtoverin, astrologiaakin harrastaneen Philipp Melanchtonin laskelmien perusteella.

Runsaat 62 vuotta myöhemmin Luther oli syntymäkaupungissaan sovittelemassa Mansfeldin kreivien välisiä kiistoja.

Aamuyöllä 18. helmikuuta 1546 hän kuoli vain muutaman sadan metrin päässä syntymäkodistaan.

Martti Lutherin elämäntyön merkitys oivallettiin Eislebenissä varhain, sillä tänne perustettiin jo vuonna 1693 ensimmäinen Lutherin muistoa vaaliva museo. Pari sataa vuotta myöhemmin kaupungin parhaalle paikalle raatihuoneen eteen pystytettiin Lutherin muistopatsas, ja toisen maailmansodan jälkeen kaupungin nimeen lisättiin etuliite Lutherstadt. Maailman matkailukohteiden valiojoukkoon Eisleben kelpuutettiin vuonna 1996, kun sen Luther-museot hyväksyttiin Unescon maailmanperintöluetteloon.

Lutherstadt Eisleben sijaitsee Harzvuoriston itäpuolella, Magdeburgin ja Erfurtin puolivälissä. Saksassa Eisleben tunnetaan paitsi Luther-kaupunkina myös vuosittaisesta Wiesenmarkt-suurtapahtumasta. Wormsin vuoden 1521 valtiopäivillä, joilla Lutheria yritettiin saada perumaan oppinsa ja kirjoituksensa, keisari Kaarle V teki useita hallinnollisia päätöksiä. Eräs näistä päätöksistä sisälsi luvan vuosittaisten härkämarkkinoiden järjestämiseen Eislebenissä. Lähes 500 vuotta sitten aloitetuista karjamarkkinoista on kehittynyt 2000-luvulla uusien osavaltioiden suurin kansanjuhla, eräänlainen Itä-Saksan *Oktoberfest*.

Suunnilleen samaan aikaan Martti Lutherin kanssa Eislebenissä syntyi Johannes Schneider, joka alkoi myöhemmin käyttää latinankielistä sukunimeä Agricola. Johannes Agricola opiskeli Wittenbergin yliopistossa kuten suomalainen Mikael Agricolakin. Reformaation alkuvaiheissa Johannes Agricola kuului Martti Lutherin läheisiin ystäviin; hän oli mukana esimerkiksi silloin, kun Luther poltti paavilta saamansa uhkauskirjeen. Koska Johannes Agricola ei saanut mieleistään tehtävää Wittenbergistä, hän siirtyi 1525 takaisin kotikaupunkiinsa Eisleben. Täällä hän kunnostautui muun muassa kouluhallinnon organisoijana, katekismuksen kirjoittajana ja saksankielisten sananlaskujen kerääjänä. Vuonna 1536, jolloin Mikael

Agricola ja Martti Teitti tulivat Wittenbergiin, myös Johannes Agricola palasi sinne. Hän toimi jopa Martti Lutherin sijaisena, mutta jo seuraavana vuonna heidän välinsä kiristyivät ja siksi Johannes Agricola muutti Wittenbergistä Brandenburgiin.

Eräs Mansfeldin kreiveistä perusti yhdessä puolisonsa kanssa vuonna 1229 linnansa lähelle nunnaluostarin, joka muutti 30 vuotta myöhemmin Eislebenin itäpuolelle, Helftaan. Täällä luostari kasvoi ja sen arvostus lisääntyi niin, että sitä alettiin 1200-luvun lopulla kutsua "Saksan naisluostareiden kruunuksi". Kukoistuskautta seurasi kuitenkin alamäki, luostari ryöstettiin useita kertoja, ja 1300-luvun puolivälissä se siirrettiin Eislebenin kaupunginmuurin viereen. Vuoden 1525 talonpoikaissodassa luostari hävitettiin, eikä sen myöhemmistä kohtaloista jäänyt edes mainintoja seuraavien vuosisatojen asiakirjoihin. Toisen maailmansodan jälkeen, Saksan demokraattisen tasavallan eli DDR:n aikana, luostarille kuuluneet maat siirrettiin "kansan omistukseen". Se ei kuitenkaan merkinnyt luostarin lopullista katoamista: Saksan jälleenyhdistymisen myötä katolisen kirkon piirissä alettiin valmistella luostaritoiminnan elvyttämistä. Hanke onnistui, ja vuonna 1999 sisterssiläisnunnat palasivat 450 vuoden tauon jälkeen uudelleen rakennettuun Helftan luostariin, joka kuuluu alueliitoksen johdosta nykyisin Eislebeniin.

Luostarin yhteydessä toimiva vierastalo, Gästehaus Kloster Helfta, on erinomainen majapaikka Eisleben tutustuttaessa. Kaupungin keskustasta sinne on noin kolme kilometriä, mutta lähin bussipysäkki on aivan luostarin vieressä.

Helftan koillispuolella on pieni Unterrißdorfin kylä. Se sijaitsee alavalla, tuulilta suojatulla ja varsinkin talvisin ympäristöään kylmemmällä paikalla. Kylän läpi kulki 1500-luvulla Hallen ja Eislebenin välinen maantie, jota Martti Lutherkin käytti tammikuussa 1546 viimeisellä matkallaan Eisleben. Unterrißdorfin lähellä Luther sai sairauskohtauksen, joka oli todennäköisesti sydäninfarkti – näin on päätelty Lutherin Melanchtonille kirjoittamasta tilanteen kuvauksesta. Luther kirjoitti samasta asiasta myös vaimolleen Katharinalle, mutta aivan eri sävyssä: hän kertoi heikotuskohtauksesta ja piti sen aiheuttajana erästä täällä asunutta juutalaista, joka oli ”puhaltanut kylmää ilmaa” Lutherin niskaan niin, että ”hänen aivonsa olivat olleet vähällä jäätyä”. Lutherin vilunväristyksistä tunnetulle kulmakunnalle annettiin myöhemmin nimi Kalte Stelle. Tämä Unterrißdorfin lähellä sijaitseva ”Kylmä paikka” on Lutherweg-vaellusreitin varrella. Retkeilijöitä varten tänne on pystytetty vankka suojarakennus, infotaulu ja ruokailukatos.

Luthers Geburtshaus Martti Luther syntyi 10.11.1483 entisen Lange Gassen eli Pitkän kujan, nykyisen Lutherstraßen, varrella sijainneessa talossa. Tämä talo tuhoutui Eislebenissä vuonna 1689 riehuneessa tulipalossa perustuksia myöten. Koska Martti Lutherin elämänvaiheet kiinnostivat jo tuolloin pyhiinvaeltajia, kaupunki otti palaneen talon tontin haltuunsa ja rakennutti samalle paikalle uuden talon. Sen yläkertaan avattiin Martti Lutherin muistonäyttely ja pohjakerrokseen köyhille lapsille tarkoitettu koulu. Eislebeniläiset huolehtivat pitkälti yli sata vuotta talon toiminnasta; museon ja köyhäinkoulun ylläpito siirtyi valtiolle vasta 1800-luvun alussa Preussia silloin hallinneen luterilaisen kuninkaan määräyksestä. Pian sen jälkeen taloa kunnostettiin ja se otettiin kokonaan museokäyttöön; vähävaraisille tarkoitettu koulu siirrettiin sitä varten pystytettyyn uudisrakennukseen. Kun museotaloa laajennettiin 1800-luvun puolivälissä, siihen lisättiin keskiaikaisen vaikutelman luomiseksi pylväskäytävä ja lisäosa, joka on tehty *Fachwerk*-menetelmällä: rakentamalla hirsistä tukiristikko ja täyttämällä sen välit savella. Toistaiseksi viimeisen kerran Lutherin entisen kotitalon tontilla tehtiin suuria muutoksia

"Lutherin synnyinkoti" on alkuperäinen vain sijaintinsa puolesta: talo, jossa Martti Luther syntyi, tuhoutui 1600-luvun lopulla riehuneessa tulipalossa.

2000-luvun alussa, kun museon näyttelyille ja uudelle tekniikalle rakennettiin ajanmukaiset lisätilat.

Museon pysyvässä näyttelyssä kerrotaan Lutherin suvun alkuperästä, kaivostyöstä ja Martti Lutherin isän toiminnasta kaivosyrittäjänä sekä keskiajan hurskaudesta ja hengellisyydestä. Alakertaan on sisustettu "Lutherin perheen asunto", jonka huonekalut ovat tosin historiallisia, mutta eivät alkuperäisiä.

Eräs huomiota herättävä näyttelyesine on lehmuksesta veistetty, hopeoitu joutsen. Se liittyy Lutheriin tšekkiläisen Jan Husin kautta. Hus vastusti anekauppaa jo 1400-luvun alussa, joten hänet kutsuttiin kuultavaksi Konstanzin kirkolliskokoukseen, jossa hänet todettiin harhaoppiseksi ja määrättiin poltettavaksi. Kerrotaan, että Jan Hus, jonka sukunimi tarkoittaa hanhea, olisi roviolle astuessaan lausunut "poltatte tänään hanhen, mutta minun jälkeeni tulee joutsen, jota ette voi polttaa". Luther uskoi tämän ennustuksen tarkoittavan itseään. Niinpä joutsen esiintyy varsinkin 1600-luvulta lähtien usein Lutherin vertauskuvana.

Lutherin kotitalomuseolta on vain parin minuutin kävelymatka St. Petri-Pauli -kirkolle. Tällä matkalla kadun nimi kuitenkin vaihtuu Lutherstraßesta Seminarstraßeksi, jolloin kulkijat myös ylittävät syvässä uomassa virtaavan pienen joen. Tämä puro, *Böse Sieben*, vapaasti suomennettuna Tuhma seiska, on oletettavasti saanut erikoisen nimensä siitä, että se aiheuttaa kaupunkilaisille harmia tulvimalla rankkasateiden aikana yli äyräittensä. Lukusana seitsemän on sisällytetty nimeen tiettävästi siksi, että jokeen virtaa vettä seitsemästä purosta Harzvuoriston itäreunalta.

Lutherstraße 15

St. Petri-Pauli-Kirche (Zentrum Taufe) Lyhin reitti Eislebenin rautatieasemalta kaupungin keskustassa sijaitseviin Luther-kohteisiin johtaa kaupunginpuiston halki. Reitti jatkuu puistosta portaita pitkin alamäkeen, jolloin edessä näkyy Pietarin ja Paavalin kirkon korkea torni. Martti Luther kastettiin tässä kirkossa 11. marraskuuta 1483. Kirkko oli silloin vasta rakenteilla, joten kasteen oletetaan tapahtuneen sen tornikappelissa. Kasteessa käytetty kastemalja katosi ja unohtui myöhemmin pitkäksi ajaksi. Kun se löydettiin uudestaan, sen osia sijoitettiin kirkon nykyiseen kiviseen kastemaljaan. Eniten huomiota St. Petri-Pauli -kirkossa kiinnittää lattian keskellä oleva halkaisijaltaan kaksimetrinen pyöreä aukko, jonka alapuolella läikehtii vesi. Tämän kastekaivon avulla kirkossa kävijöiden huomio halutaan suunnata kasteeseen – Luther piti ehtoollisen lisäksi ainoastaan kastetta sakramenttina, kirkon pyhänä toimituksena. Kun kirkkorakennusta uudistettiin 2010-luvun alussa, kirkon nimeen lisättiin kasteen keskeisyyttä ilmaisevat sanat "Zentrum Taufe". Kirkon rakenteellisissa ratkaisuissa on kiinnitetty erityistä huomiota esteettömyyteen, ekologisuuteen ja paikallisuuteen. Niinpä esimerkiksi kirkon penkeissä ja muissa kalusteissa on käytetty omena-, päärynä-, pähkinä- ja kirsikkapuuta, sillä hedelmänviljely on perinteinen elinkeino Eislebenin lähialueella.

Kirkon alttarikaapin puuveistokset esittävät Pyhää Annaa, Neitsyt Mariaa ja Jeesus-lasta. Alttarikaapin lahjoittivat kirkolle 1500-luvulla kaivosmiehet ja todennäköisesti he valitsivat myös sen aiheen, "Pyhä Anna kolmantena"; Annaa on nimittäin pidetty kaivosmiesten suojelijana.

St. Petri-Pauli -kirkkoon hankittiin samoihin aikoihin myös kolme harvinaisen isoa, edelleen käytössä olevaa kelloa. Kirkon korkeaa tornia käytettiin pitkään tähystyspaikkana ja siellä oli vuoteen 1907 asti palovartijan asunto.

Petrikirchplatz 22

Pfarrkirche St. Annen Kaivosteollisuuden kukoistuskausi 1500-luvun alussa toi Eislebeniin paljon uusia asukkaita. Mansfeldin kreivien suku oli vähän aikaisemmin jakaantunut kahtia, ja eräs kreiveistä kasvatti vaikutusvaltaansa myöntämällä Eislebenin kylkeen syntyneelle uudelle asuinalueelle kaupunkioikeudet. Mansfeldin kreivit ajautuivat tämän takia pitkällisiin kiistoihin.

Samaan aikaan kun uutta kaupunkia rakennettiin, siellä sijaitsevalle kukkulalle alettiin pystyttää Pyhän Annen kirkkoa ja pari vuotta myöhemmin kirkkorakennuksen jatkeeksi vielä augustinolaisluostaria. Luther kävi tässä luostarissa sen perustamisvuonna 1515 pappina ja seuraavana vuonna oman munkkikuntansa luostareiden aluevalvojana. St. Annen luostarin toiminta lakkasi reformaation vaikutuksesta jo kahdeksan vuoden kuluttua. Kaikki muut lähialueen luostarit ryöstettiin

1524-1525 riehuneen talonpoikaissodan aikana. Koska St. Annen augustinolaisluostari oli jo lakkautettu, se säästyi hävitykseltä. Luostari on rakennettu muilta osin kivestä, mutta sen ullakolla on viisi isoa puusta rakennettua *Fachwerk*-kattoerkkeriä. Näiden erkkereiden suojassa on säilynyt seitsemän alkuperäistä, yli 500 vuotta sitten rakennettua munkkien kammiota, joihin voi tutustua luostarin pysyvän näyttelyn yhteydessä. Munkkien kammioista avautuu komea näköala Eislebenin kaupunkiin ja ympäristöön.

Pyhän Annen kirkossa alettiin saarnata uutta evankelista oppia ensimmäisenä Mansfeldin-Eislebenin seudulla. Kirkon kuorissa on 29 Vanhan testamentin tapahtumia kuvaavaa hiekkakivestä veistettyä taulua. Tämä kiviseksi kuvaraamatuksi kutsuttu kokonaisuus on valmistunut 1585. Kirkon saarnatuoli on valmistettu kipsistä ja kalkista. Samasta stukkomateriaalista on tehty sen alla seisova värikäs Mooses-patsas, joka näyttää siltä, kuin se kannattelisi saarnatuolia. Saarnatuoli ei kuitenkaan seiso patsaan varassa.

Pyhän Annen kirkko on runsaan puolen kilometrin kävelymatkan päässä kaupungin torilta. Perille löytää jatkamalla Luthers Sterbehaus -museon edustalta Sangerhäuserstraße-katua ensin loivaa ja myöhemmin jyrkkää ylämäkeä kadun suuntaisesti, välillä portaita nousten, kunnes kirkon torni alkaa näkyä etuvasemmalla.

Annenkirchplatz 2

St. Andreas-Kirche Pyhän Andreaksen kirkon tornit näkyvät kauas, sillä se on rakennettu Eislebenin torin laidalla olevalle mäelle. Samalla paikalla on ollut kirkko jo 1100-luvun lopulla. Nykyinen kirkko on rakennettu pääosin vuonna 1498 tapahtuneen suuren tulipalon jälkeen, sen korkein torni kuitenkin vasta 1700-luvun alussa. Kirkossa on neliosainen alttarikaappi, useita Mansfeldin kreivien hautamuistomerkkejä sekä Martti Lutherin ja Philipp Melanchtonin pronssiset rintakuvat, jotka paljastettiin reformaation 300-vuotisjuhlien yhteydessä vuonna 1817.

Luther piti Pyhän Andreaksen kirkossa neljä viimeistä saarnaansa. Koska kirkon saarnatuoli on säilynyt käytännöllisesti katsoen alkuperäisenä, kirkossa käyvien matkailijoiden mielenkiinto kohdistuu usein juuri siihen. Reformaation 500-vuotisjuhlien lähestyessä Eislebenissä huolestuttiin saarnatuolin kunnosta: sen restaurointia ei voitu lykätä, mutta seurakunnalla ei ollut siihen tarvittavaa rahoitusta. Ongelmaan löytyi ratkaisu, kun Minneapoliksen taidemuseo ilmoitti kustantavansa saarnatuolin restauroinnin. Vastalahjaksi se pyysi ja sai saarnatuolin vuoden ajaksi esille omaan reformaationäyttelyynsä. Niin saarnatuoli vietiin lentorahtina vuodeksi Amerikkaan, restauroitavaksi ja näyttelyesineeksi.

Martti Luther kuoli kirkon lähellä, Eislebenin torin varrella sijaitsevassa talossa 18. helmikuuta 1546. Lutherin ruumis tuotiin kirkkoon seuraavana päivänä, jolloin tiettävästi jopa 4000 surevaa kaupunkilaista kävi häntä hyvästelemässä. Ruumissaarnan piti Lutherin ystävä ja työtoveri Justus Jonas, joka myös laati yksityiskohtaisen selostuksen Lutherin viimeisistä hetkistä. Ruumissaarna ja tämä selostus julkaistiin nopeasti, koska niiden avulla pyrittiin estämään harhaanjohtavien huhujen leviämistä. Mansfeldin evankeliset kreivit pyysivät, että Luther haudattaisiin Eislebeniin. Saksin alueella ylintä valtaa käytti kuitenkin vaaliruhtinas, joka määräsi, että Lutherin ruumis kuljetettiin hänen pitkäaikaisimpaan kotikaupunkiinsa Wittenbergiin. Luther haudattiin Wittenbergin tuomiokirkkoon 22. helmikuuta 1546.

Andreaskirchplatz

Museum Luthers Sterbehaus Justus Jonas oli kirjannut Lutherin viimeisistä hetkistä vaaliruhtinaalle laatimaansa selontekoon Lutherin kuolinpaikaksi ”Dr. Drachstädtin omistaman talon”. Eislebenin kaupungin historiaa tallentanut kronikoitsija Eusebius Franke sekoitti parisataa vuotta myöhemmin kaksi Drachstädtin suvulle kuulunutta taloa toisiinsa. Tämän väärinkäsityksen vuoksi Preussin valtio osti vuonna 1862 osoitteessa Andreaskirchplatz 7 sijainneen talon ja antoi erään rakennusmestarin tehtäväksi palauttaa talo vuoden 1546 asuun. Tehtävä osoittautui hankalaksi, koska huoneiden koko ja järjestys poikkesivat olennaisesti siitä, mitä silminnäkijät olivat alkuperäisissä todistuksissaan kertoneet. Lutherin kuolemaa esittelevä museo saatiin kuitenkin valmiiksi, vaikka se vaatikin muun muassa joidenkin uusien ovi- ja ikkuna-aukkojen avaamista. Myöhemmin museoon lisättiin vielä epäaitoja, mutta tuolloin autenttisina pidettyjä esineitä. Kronikoitsija Franken tekemä virhepäätelmä alkoi paljastua vasta 1960-luvulla. Koska silloin oltiin juuri valmistautumassa reformaation 450-vuotisjuhliin, museon sijainnista ei haluttu herättää julkista keskustelua. Asiaan palattiin uudelleen vuonna 1989, ja vasta vuonna 2000 pystyttiin tieteellisesti todistamaan, että Martti Lutherin elämä oli päättynyt toisessa, joskin saman kadun varrella sijainneessa ja samalle suvulle kuuluneessa talossa. Tämä talo oli purettu jo vuonna 1570; nyt sen paikalla on hotelli ”Graf von Mansfeld”. Koska Luthers Sterbehaus -museoksi 1800-luvulla korjatun talon perusrakenteet ovat kuitenkin Lutherin ajalta ja talosta oli 1900-luvun loppuun mennessä tullut vakiintunut matkailukohde, museo sai jäädä väärinkäsityksestä huolimatta epähuomiossa valitulle paikalleen.

Tämä museotalo saneerattiin muutama vuosi sitten ja samalla sen pihalle nousi uudisrakennus, jossa on nyt sisäänkäynti sekä museon opetus- ja tekniset tilat. Museon uusi perusnäyt-

Näkymä Eislebenin keskustaan entisen augustinolaisluostarin pihalta: vasemmalla St. Andreaskirchen, keskellä St. Petri-Paul-Kirchen tornit.

tely kuvaa Lutherin viimeisten elinpäivien tapahtumia. Lisäksi näyttelyssä kerrotaan, miten Luther suhtautui kuolemaan.

Vuode, jossa Lutherin väitettiin kuolleen, on näyttelyssä esillä samanlaisena kuin se esitettiin 1800-luvun lopussa – siitä huolimatta, että aito kuolinvuode poltettiin nykytietojen mukaan jo 1700-luvun alussa. Alkuperäinen vuode poltettiin, koska alkoi levitä huhuja, joiden mukaan siitä veistetyt tikut sisältäisivät hammassärkyä parantavia taikavoimia.

Monista epäaidoista yksityiskohdista huolimatta museossa on myös alkuperäisiä esineitä, kuten yksi Lutherista heti hänen kuolemansa jälkeen maalattu muotokuva. Esillä on myös Lutherin omaisilta museolle hankittu silkkinen käärinliina, jolla Lutherin ruumis oli peitetty.

Andreaskirchplatz 7

Eislebenissä Luther-kohteisiin opastavat myös katutasoon upotetut Luther-ruusut.

Eisenach

Eisenachin seudulla, Thüringenin metsän pohjoislaidalla, on asuttu jo parituhatta vuotta ennen Kristuksen syntymää. Kaupungiksi Eisenach kehittyi 1100-luvun puolivälissä, jolloin Thüringenin maakreivit valitsivat Wartburgin linnan pysyväksi asuinpaikakseen ja sitä rakentamaan tuli suuri joukko käsityöläisiä. Eisenach hyötyi keskiajalla myös sijainnistaan: se oli Santiago de Compostelasta Kiovaan johtaneen tärkeän kauppatien, Via Regian, varrella.

Kaupungin suojaksi alettiin noin vuonna 1200 rakentaa muuria, josta on yhä jäljellä muutamia lyhyitä pätkiä. Alun perin muuri oli lähes kolmen kilometrin pituinen ja siinä oli viisi porttia. Nyt niistä on jäljellä ainoastaan Nikolaitor. Todennäköisesti Martti Luther asteli juuri tämän portin läpi tullessaan 14-vuotiaaana ensi kertaa Eisenachiin.

Magdeburgin koulua Martti oli käynyt tätä ennen vain noin yhden vuoden ajan. Lutherin vanhemmat lähettivät poikansa jatkamaan koulunkäyntiä Eisenachissa ehkä siksi, että he toivoivat täällä asuvien sukulaisten ottavan hänet luokseen asumaan. Nikolain portin vieressä on aikoinaan benediktiiniluostarille kuulunut kirkko, jonka suntiona toimi tuolloin eräs Martti Lutherin äidin sukulainen. Ilmeisesti Nikolainkirkon suntion perhe ei kuitenkaan voinut majoittaa Martti-poikaa tai hän asui perheen hoivissa vain lyhyesti. Ajan tavan mukaan Martti hankki osan toimeentulostaan laulamalla koululaiskuorossa, joka esiintyi erilaisissa tilaisuuksissa ja keräsi lisäksi almuja kiertelemällä laulamassa kaupungilla. Varhaisimman Luther-elämänkerran kirjoittaja Johann Mathesius kertoo, että nuoren Lutherin hyvä lauluääni ja hartaasti lausumat rukoukset ihastuttivat varakasta rouva Ursula Cottaa niin suuresti, että hän päätti majoittaa pojan heidän taloonsa. Varmaa on, että Martti Luther asui Eisenachissa koulua käydessään Konrad ja Ursula

Eisenachin torin suihkukaivoa vartioi kaupungin suojeluspyhimys Pyhä Yrjö. Vaaleanpunainen rakennus taustalla on raatihuone.

Cottan talossa. Vastapalveluksena asunnosta ja ruuasta Martin oli autettava Cottan perheen poikaa läksyjen tekemisessä. Näinä vuosina Martti Luther sai vaikutteita Ursula Cottan isältä, hurskaudestaan tunnetulta raatimies Heinrich Schalbelta.

Lutherin kouluvuosien aikana Eisenachissa vaikutti myös fransiskaanimunkki Johann Hilten, jota Philipp Melanchton piti yhtenä reformaation edeltäjänä. Hilten oli nimittäin ennustanut, että vuonna 1516 tulee mies, joka vastustaa munkkilaisuutta ja uudistaa kirkon. Lisäksi Hilten arveli turkkilaisten valtaavan Saksan ja maailmanlopun koittavan vuonna 1651. Ennustustensa vuoksi Hilten ajautui riitoihin esimiestensä kanssa, ja lopulta fransiskaanit laittoivat hänet arestiin, jossa hän kuoli todennäköisesti vuonna 1502. Martti Luther ei itse tavannut Johann Hilteniä, mutta kuuli kouluvuosiensa aikana erittäin todennäköisesti hänen kirjoituksistaan ja ennustuksistaan.

Nykyisin Eisenachiin junalla saapuvat matkailijat kulkevat edellä mainitun Nikolain portin kautta. Rautatieasemalta Eisenachin keskustaan tultaessa luontevin reitti johtaa ensin Nikolain portille ja sen jälkeen ison Luther-patsaan vierestä ja edelleen Karlstraße-kävelykatua pitkin torille. Torin varrella on Eisenachin 1500-luvulla rakennettu raatihuone, joka on tunnistettavissa vaaleanpunaisen julkisivunsa ja korkean kellotorninsa perusteella. Torin laidalla on myös 1700-luvun puolivälissä rakennettu kaupunkilinna, jossa on nyt matkailutoimisto ja Thüringenin taide- ja kulttuurihistoriallinen museo. Torin katseenvangitsija on hiekkakivestä 1500-luvun puolivälissä veistetty Sankt Georgin eli Pyhän Yrjön patsas. Pyhä Yrjö, joka legendan mukaan pelasti kerran prinsessan surmaamalla lohikäärmeen, on Eisenachin suojeluspyhimys.

Eisenachissa on tänä päivänä noin 42 000 asukasta. Vaikka Eisenach oli eräs reformaation tärkeimmistä keskuksista, vain vajaa neljäsosa kaupungin asukkaista kuuluu nykyisin evankeliseen kirkkoon.

Koulupoikana Martti Luther asui todennäköisesti tässä Fachwerk-talossa.

Suomeen alettiin tuoda 1950-luvun lopulta lähtien kaksitahtisia Wartburg-merkkisiä autoja, joiden keulakoristeesta ilmeni niiden valmistuspaikka, *Automobilwerk Eisenach VEB* eli "kansan omistama" (VEB = volkseigner Betrieb) Eisenachin autotehdas. Kaupungin autoteollisuudella on kuitenkin paljon pitemmät perinteet, sillä ensimmäinen autotehdas aloitti toimintansa Eisenachissa jo vuonna 1896. Tunnetuimpia täällä valmistettuja automerkkejä olivat DIXI, BMW ja - sen jälkeen, kun autotehdas oli toisen maailmansodan jälkeen kansallistettu - IFA. Saksan yhdistymisen jälkeen Eisenachin autotehtaat suljettiin, mutta jo 1992 täällä alettiin taas valmistaa autoja, nyt Opel-merkkisiä. Kaupungin ajoneuvoteollisuuden värikästä historiaa esitellään *automobile welt eisenach* -museossa.

Lutherhaus Eisenachissa koulua käydessään Martti Luther asui lyhyttä alkuvaihetta lukuun ottamatta Konrad ja Ursula Cottan talossa. Lutherin asuinpaikkaa ei silti ole pystytty määrittelemään täysin luotettavasti, sillä Cottan perhe omisti kaupungissa useita taloja.

1800-luvun alkupuolelta lähtien Luther-talona on pidetty torin eteläpuolella pienen aukion varrella sijaitsevaa komeaa ristikkorakenteista taloa. Lutherin tiedetään käyneen usein tässä talossa, mutta silti on hieman epävarmaa, asuiko hän täällä. Uusimpien rakennushistoriallisten tutkimusten mukaan talon vanhimmat osat ovat peräisin 1300-luvun puolivälistä. Koska taloa oli jo varhain alettu pitää Lutherin entisenä kotitalona, kutsuttiin siellä vuosina 1898-1953 toiminutta krouvia "Lutherin kellariksi". Lisäksi talon yritteliäs ravintoloitsija hankki lisätuloja esittelemällä maksua vastaan kahta pientä huonetta, joita hän kutsui "Lutherin kamareiksi". Syksyllä 1944 talon lähelle osui lentopommi, joka vaurioitti varsinkin talon pohjoispuolta. Talon eteläinen osa, jossa oletetut Lutherin kamarit sijaitsevat, säästyi tuholta. Sodan jälkeen talo kunnostettiin ja 1956 sinne avattiin Lutherin muistoa vaaliva museo. Sen tiloihin sijoitettiin laaja asiakirja- ja esinekokoelma, joka kertoo evankelisten pappiloiden historiasta ja kulttuurisesta vaikutuksesta saksankielisellä alueella. Museon toiminta vakiintui ja laajeni, kun talo siirtyi 1990-luvun lopulla kokonaan Thüringenin evankelisluterilaiselle kirkolle.

Reformaation 500-vuotisjuhlien edellä 2013–2015 Luther-talo saneerattiin ja restauroitiin perusteellisesti. Samalla sinne rakennettiin uusi perusnäyttely, jonka keskeinen teema on Luther ja Raamattu. Talon pohjakerroksessa esitellään, miltä Lutherin elinympäristö näytti ja millaista uskonnon harjoittaminen oli 1500-luvun alussa. Lisäksi täällä kerrotaan, miten Luther ryhtyi munkiksi ja miten hänestä tuli kirkon uudistaja. Talon keskikerroksessa selviää, miksi, miten ja kenen kanssa

Luther toteutti tärkeimmän työnsä, Raamatun kääntämisen saksan kielelle. Täällä ovat myös edellä mainitut historialliset Lutherin kamarit. Ylimmän kerroksen näyttelyssä dokumentoidaan sitä, miten Lutherin raamatunkäännös vaikutti saksan kieleen, saksalaiseen kirjallisuuteen ja musiikkiin. Lisäksi täällä esitellään tekniikkaa, joka teki 1700-luvun alussa mahdolliseksi painaa raamattuja nopeasti ja edullisesti: teologi ja kustantaja Carl von Canstein ja August Hermann Francke alkoivat käyttää kokonaisen sivun käsittäviä ladelmia, jotka oli sidottu yhteen nauhoilla. Heidän kirjapainossaan ei siis enää poimittu yksittäisiä kirjakkeita kerta kerran jälkeen uudelleen, vaan kunkin sivun ladelma säilytettiin ehjänä myöhempiä painoksia varten. Raamattua varten tarvittiin suunnilleen viisi miljoonaa lyijykirjaketta, mutta mittavan alkuinvestoinnin jälkeen itse painaminen tuli aikaisempaan menetelmään verrattuna ratkaisevasti halvemmaksi. Ylimmässä näyttelykerroksessa käsitellään myös Lutherin juutalaisvastaisia kirjoituksia ja sitä, miten natsit käyttivät niitä Hitlerin aikana perusteluina julmuuksilleen.

Lisäksi Luther-talossa on muun muassa kolme Lucas Cranach vanhemman teosta, 1800-luvun lopun historiamaalauksia ja arvokkaita tekstiilejä. Myös se alkuperäinen kirkonkirja, jossa on merkintä Johann Sebastian Bachin saamasta kasteesta, kuuluu Luther-talon kokoelmiin.

Lutherplatz 8

Wartburg Thüringer Wald on Saksan keskivuoristoon kuuluva noin sata kilometriä pitkä pääosin metsää kasvava alue. Thüringenin metsän pohjoispäähän rakennettiin tarun mukaan vuonna 1067 linna, joka sai nimen Wartburg. Saksassa on lukuisia sitä vanhempia, koristeellisempia ja jylhemmällä paikalla sijaitsevia linnoja, mutta mikään niistä ei vedä vertaa Wartburgin linnalle Saksan historian näyttämönä.

Keskiaikaisen Tannhäuserin legendan mukaan Wartburgissa järjestettiin 1200-luvun alussa ruhtinaan ylistämiseksi laulukilpailu, johon ottivat osaa maan parhaat ritarit ja kiertelevät minnelaulajat. Tämän muistoksi linnan opastuskierrokset päättyvät *Sängersaal* -saliin, jossa näitä kilpalaulajaisia esittävää seinämaalausta voi ihailla Richard Wagnerin *Tannhäuser und der Sängerkrieg auf der Wartburg* -oopperan säestämänä. Musiikkituokion aikana kannattaa vilkaista salin kattoon. Sen erikoinen rakenne johtuu siitä, että tähän kilpalaulannasta kuuluun saliin haluttiin rakentaa 1800-luvun korjausten yhteydessä paras mahdollinen akustiikka. Salin katon suunnittelijaksi värvättiin siksi aikakautensa musiikin megatähti, säveltäjä Franz Liszt.

Hallitsijasuvut järjestelivät keskiajalla avioliittonsa usein hyvin suunnitelmallisesti. Näin tehtiin myös Thüringenissä 1200-luvun alussa, kun Unkarin kuninkaan Andreas II:n silloin vasta 4-vuotias tytär Elisabeth tuotiin Wartburgin linnaan; hänet oli valittu täkäläisen maakreivin tulevaksi puolisoksi. Niinpä Elisabeth avioitui jo teini-ikäisenä Ludwig IV:n kanssa. Tässä ei ollut sinänsä mitään kovin ihmeellistä, mutta Elisabeth toimi toisin kuin vaikutusvaltaiselta maakreivittäreltä osattiin odottaa – hän ryhtyi auttamaan köyhiä ja sairaita, ensin Wartburgin ympäristössä ja miehensä kuoltua perustamalla hospitaalin Marburgin kaupungin lähelle. Täällä hän hoiti sairaita ja jakoi valtavan omaisuutensa köyhille. Elisabeth oli kuollessaan vasta 23-vuotias. Hän kuoli todennäköisesti johonkin infektioon, sillä hän oli ollut päivittäin tekemisissä sairaiden kanssa. Paaville lähetettiin pian tämän jälkeen Elisabethin kanonisoimista eli pyhimykseksi julistamista koskeva anomus. Koska voitiin todistaa, että moni hänen haudallaan käynyt sairas oli kokenut ihmeparantumisen, Elisabeth julistettiin pyhimykseksi jo viisi vuotta kuolemansa jälkeen. Luterilaisessa Suomessakin Liisat ja Elisat viettävät yhä nimipäiviään Elisabethin Thüringeniläisen kuolinpäivänä 19. marraskuuta.

Lutherin työhuone Wartburgin linnassa.

Wartburgin linnanpihalla voi yhä nähdä "Elisabethin kyyhkysiä", joilla on viuhkamainen pyrstö – näiden valkoisten lintujen kerrotaan polveutuvan kyyhkyistä, jotka tulivat Wartburgiin Elisabethin myötäjäislahjana.

Kolme vuosisataa myöhemmin Wartburgin linna tarjosi Martti Lutherille suojapaikan hänen ehkä tärkeimmässä elämänvaiheessaan. Kun Luther oli palaamassa Wormsin valtiopäiviltä toukokuun alussa vuonna 1521, Fredrik Viisaan miehet "kidnappasivat" hänet Thüringenin metsän keskellä, Steinbachin Glasbachgrundissa, ja toivat hänet piiloon Wartburgin linnaan. Lutherille oli kerrottu etukäteen tulevasta sieppauksesta, joten se oli hänelle vaaraton. Tunnistamista ja sitä seuraavia riskejä välttääkseen Luther kasvatti Wartburgissa parran ja esiintyi linnassa salanimellä *Junker Jörg*. Junkkerit olivat aatelisia suurtilallisia Elben itäpuolisilla alueilla. He olivat usein nuoria herroja, joita kutsuttiin nimellä "Junger Herr", mistä sana Junker on johdettu. Jörg taasen on Georg-nimisistä miehistä yleisesti käytetty lempinimi. Georg, suomalaisittain Yrjö, on sekä Mansfeldin että Eisenachin kaupungin suojeluspyhimys ja sopi Lutherin salanimeksi hänen aikaisempien asuinpaikkojensa vuoksi.

”Junker Jörg” sai Wartburgissa asunnokseen kaksi huonetta käsittävän vankityrmän, joka oli ollut aatelisten tai muutoin etuoikeutettujen lainrikkojien käytössä. Nämä tilat ovat linnanvoudin kaksikerroksisessa puurakennuksessa, linnan pihamaalle tultaessa oikealla puolella. Tämän rakennuksen jatkeena on toinen kaksikerroksinen ristikkorakennus, jonka päädyssä näkyy koristeellinen erkkeri. Vierailijat eivät pääse Lutherin käytössä olleisiin asuintiloihin, mutta saavat kurkistaa oviaukosta hänen yksinkertaisesti sisustettuun työhuoneeseensa. Tavallisin tämän huoneen vartijalle esitetty kysymys koskee oletetun mustetahran paikkaa. Koska Luther oli eräässä muistiin merkityssä pöytäpuheessaan kertonut ”häätäneensä paholaisen musteella”, tämä oli tulkittu myöhemmin niin, että hän olisi heittänyt näkemäänsä paholaista mustepullolla. Matkailijoiden toiveiden täyttämiseksi oltiin jo 1700-luvulla valmiit tekemään lähes mitä tahansa, ja niin linnan vahtimestarit järjestivät uunin viereiselle seinälle mustetahran ja uusivat sen aina, kun matkamuistoja keräilleet kävijät olivat raaputtaneet tahran pois. Viimeisen kerran mustetahra uusittiin tiettävästi vuonna 1902. Huoneessa nähtävä pöytä on Lutherin käyttämän pöydän näköinen, mutta ei alkuperäinen – sen tuhosivat liian innokkaat matkamuistojen keräilijät jo vuosisatoja sitten. Pöydän vieressä on kiinnostava alkuperäinen esine, valaan nikama, jota Luther on todennäköisesti käyttänyt jalkatukena. Seinällä on jäljennös Lucas Cranach vanhemman Junker Jörgiä esittävästä maalauksesta.

Seuraelämään tottunut Luther tunsi olonsa Wartburgissa yksinäiseksi. Lisäksi häntä vaivasivat vähäisestä liikunnasta ja linnan raskaista ruuista johtuneet vatsakivut. Suunnattoman työtarmonsa hän purki täällä aluksi kirjoittamalla kirjeitä luotettaville ystävilleen, kuten Philipp Melanchtonille ja Georg

Spalatinille. Joulukuussa Luther otti riskin ja lähti käymään ratsain Wittenbergissä. Pitkätukkaisena, partaisena ja miekalla varustautuneena häntä ei tunnistettu.

Palattuaan takaisin Wartburgiin Luther ryhtyi kääntämään Uutta testamenttia saksaksi, ehkä matkan aikana Melanchtonin kanssa käymiensä keskustelujen innoittamana. Apuvälineenä Lutherilla oli Erasmus Rotterdamilaisen laatima, 1516 painettu kreikankielinen Uusi testamentti, johon sisältyi täydentäviä huomautuksia, ja latinankielinen raamattu eli *Vulgata*. Raamatusta oli jo ennen Lutherin käännöstä tehty useita saksannoksia. Ne oli käännetty kömpelösti ja suurelta osin sanatarkasti Vulgatasta, jossa oli alun perinkin paljon virheitä. Raamatunselitysopin professorina, kokeneena saarnaajana ja kansankielen taitajana Luther laati käännöksen, joka oli samalla sekä täsmällinen että helposti ymmärrettävä. Lutherin työtahti oli ilmiömäinen, sillä hän käänsi koko Uuden testamentin kymmenessä tai yhdessätoista viikossa. Nopeudestaan huolimatta Luther ylsi paljon enempään kuin vain pelkkään käännökseen: hän loi perustan koko saksankielisellä alueella ymmärrettävälle yleiskielelle. Samalla hän keksi saksan kieleen valtavan määrän uudissanoja ja omaperäisiä ilmauksia. Lutherin käännöksestä tuli esikuva ja apuväline, kun Raamattua ryhdyttiin kääntämään muille kielille. Myös Mikael Agricolalla oli kreikankielisen alkuteoksen lisäksi apunaan Lutherin saksannos, kun hän laati Uudesta testamentista suomennoksensa *Se Wsi Testamenti*.

Samaan aikaan kun Luther viimeisteli käännöstään Wartburgin linnassa, Andreas Bodenstein, jota kutsutaan hänen syntymäpaikkansa mukaan usein Andreas Karlstadtiksi, alkoi tehdä Wittenbergissä yhä pidemmälle meneviä muutoksia jumalanpalveluksiin. Hän vaati muun muassa pyhimysten kuvien ja kirkkomusiikin kieltämistä. Helmikuussa 1522 hänen uudistusvaatimuksensa johtivat levottomuuksiin. Väkivaltaisuuksien lopettamiseksi Wittenbergin raati pyysi Lutheria apuun. Vaaliruhtinas Fredrik Viisaan neuvosta välittämättä Luther palasi maaliskuussa 1522 Wittenbergiin, peruutti liian radikaaleina pitämänsä uudistukset ja määräsi, ettei Bodenstein saanut enää saarnata.

Seuraavan kerran Wartburg on laajasti esillä 1700-luvun lopulla, jolloin ahkerana matkamiehenä tunnettu runoilijaruhtinas Johann Wolfgang von Goethe vieraili linnassa useita kertoja. Hän suunnitteli taidemuseon perustamista linnaan, mikä sitten toteutuikin – tosin vasta puoli vuosisataa myöhemmin ja silloinkin muun museotoiminnan sivutuotteena.

Vuonna 1817, pian Napoleonin kukistumiseen johtaneen sodan jälkeen, saksalaisten opiskelijoiden perustama *Burschenschaft*-ylioppilasyhdistys järjesti linnassa Wartburg-juhlan, jossa arvosteltiin maan pirstoutuneisuutta pieniin kuningas-, ruhtinas- ja herttuakuntiin ja vaadittiin kansallisvaltion perustamista. Tämän ja myöhempien Wartburg-juhlien sekä muotiin tulleen kansallisromantiikan ansiosta vähitellen rappeutunut linna haluttiin palauttaa entiseen loistoonsa. Korjaustyöt tapahtuivat vuosien 1840 ja 1890 välillä. Ne toteutettiin niin perusteellisesti, että linna rakennettiin oikeastaan uudelleen. Aikakauden hengen mukaisesti peruskorjauksen avulla pyrittiin luomaan romanttinen kokonaisvaikutelma, usein linnan alkuperäisen asun kustannuksella. Korjausten valmistuttua Wartburgista tuli suosittu käyntikohde ja sitä alettiin pitää kansallisena muistomerkkinä. 1900-luvun alussa linna sai uuden vetovoimaisen nähtävyyden, kun Saksan viimeisen keisarin Vilhelm II:n teettämät värikylläiset mosaiikit valmistuivat Elisabeth Thüringeniläisen mukaan nimettyyn saliin. Bysanttilaistyylisissä mosaiikkiteoksissa on yhteensä noin neljä miljoonaa lasinpalasta, joista kootut kuvat esittävät Elisabethin elämän käännekohtia.

Ensimmäinen Wartburg-juhla järjestettiin vuoden 1817 lokakuussa: silloin oli kulunut neljä vuotta Leipzigissa käydystä

Völkerschlacht-taistelusta ja 300 vuotta reformaation aloittaneesta Lutherin teesien julkaisemisesta.

Wartburgin linnassa on kaksi tornia. Niistä korkeamman katolle pystytettiin 1858 suuri risti "todisteeksi linnanherran hurskaasta mielenlaadusta ja Wartburgin uskonnollisesta merkityksestä". 1900-luvun alussa ristiä alettiin valaista, ensin soihduilla ja myöhemmin sähkövaloilla. Hitlerin valtaannousun jälkeen Wartburgissa järjestettiin kansallissosialistien propagandatilaisuuksia, ja keväällä 1938 natsipuolueen Thüringenin paikallisjohtaja Fritz Sauckel antoi vaihtaa tornin huipulla olleen ristin hakaristiin. Tätä lähiseudun asukkaat protestoivat kuitenkin niin voimakkaasti, että risti palautettiin Berliinistä tulleen määräyksen perusteella jo kuukauden päästä takaisin vanhalle paikalleen. Syksyllä 1944 risti hakattiin kuitenkin palasiksi saman natsijohtajan määräyksestä ja sen kappaleet heitettiin linnanpihalle. Kaksi vuotta myöhemmin, kun Wartburgissa järjestettiin Martti Lutherin syntymän 400-vuotismuistojuhla, risti kunnostettiin ja palautettiin jälleen paikalleen.

Tornin huipulla, ristin vierellä, hulmuaa mustasta, punaisesta ja keltaisesta palkista muodostuva Saksan lippu. Nämä värit on valittu lippuun sillä perusteella, että ne esiintyivät kansallisvaltion perustamista vaatineen opiskelijajärjestön lipussa. Jenan yliopiston ylioppilaat kantoivat tätä lippua ensimmäisillä Wartburg-juhlilla vuonna 1817; nyt sen kopio on esillä linnan Sängersaal-konserttisalissa.

Hyvän kokonaiskäsityksen Wartburgin linnan rakennuksista saa kiipeämällä linnan eteläiseen torniin. Parin kilometrin päässä idässä näkyy *Burschenschaftsdenkmal*-muistomerkki. Se on pystytetty Saksan ja Ranskan välisessä sodassa 1870-1871 kaatuneiden opiskelijoiden muistoksi.

Wartburgissa käyntiin kannattaa varata runsaasti aikaa. Junalla Eisenachiin saapuvat matkailijat voivat jatkaa Wartburgin linnalle rautatieasemalta kaupungin sisäisen liikenteen bussilla numero 10, jolla pääsee linnan alapuolella sijaitsevalle parkkipaikalle asti. Paikallisliikenteen bussien päätepysäkin lähellä on myös tilausajobussien ja henkilöautojen paikoitusalue. Täältä linnaan on vielä 500 metrin matka portaita ja välillä jyrkkää tietä pitkin. Jos haluaa välttää kiipeämisen kiviportaita pitkin, loppumatkan voi tehdä linnan pikkubussin kyydillä. Lapset – ja alle 60 kiloa painavat aikuiset – voivat kesäisin siirtyä parkkipaikalta linnan edustalle vaihtoehtoisesti aasin selässä. Wartburgissa on turvauduttu aasien apuun jo 150 vuoden ajan. Alkuaikoina aasit kuljettivat linnaan matkustajien lisäksi myös kaiken linnassa tarvitun juomaveden.

Wartburgin linna on avoinna vuoden kaikkina päivinä; ensimmäinen saksankielinen opastuskierros alkaa kesäkaudella jo klo 8:30 ja viimeinen klo 17:00 (talvikaudella vastaavasti klo 9:00 ja klo 15:30). Englanninkielinen opastuskierros alkaa vuoden jokaisena päivänä klo 13:30. Linnanpihalla, joka on kesäisin avoinna iltakahdeksaan ja talvisin iltaviiteen asti, voi käydä ilman pääsymaksua. Linnassa on kahvila ja myymälä, jossa on valtava valikoima Luther-aiheisia matkamuistoja. Linnan läheisyydessä on kaksi hotelli-ravintolaa. Ne Wartburgin kävijät, jotka ovat ostaneet pääsylipun linnan sisätiloihin, on tilastoitu vuodesta 1894 alkaen. Vuoteen 2009 mennessä museovieraita oli ollut yhteensä jo 30 miljoonaa.

Auf der Wartburg 1

Georgenkirche Torin etelälaidalla sijaitsevasta kaupungin pääkirkosta käytetään myös nimeä Stadtkirche St. Georg. Kirkko liittyy monien Saksan historian merkkihenkilöiden elämänvaiheisiin: vuonna 1221 täällä vihittiin Thüringenin maakreivi Ludwig IV ja Unkarin kuninkaan tytär Elisabeth, vuosina 1498-1501 St. Georgin latinankoulun oppilas Martti Luther lauloi täällä kuoripoikana jumalanpalveluksissa, ja keväällä 1685 täällä kastettiin nuorin Johann ja Elisabeth Bachin kahdeksasta lapsesta, Johann Sebastian Bach.

Kirkon ulko-oven yläpuolelle on maalattu "Jumala ompi linnamme" -virren alkusäe *Ein feste Burg ist unser Gott*. Se muistuttaa siitä, että Martti Luther kävi Eisenachissa myös kouluvuosiensa jälkeen. Hän saarnasi täällä keväällä 1521 matkallaan Wormsin valtiopäiville ja uudestaan sieltä palatessaan, kaksi päivää ennen kuin hänet siepattiin Wartburgin linnaan. Kirkon eteisessä on Johann Sebastian Bachia esittävää iso patsas. Se on samalla kunnianosoitus koko Bachin musiikkisuvulle, jonka jäsenet hoitivat Georgenkirchen kanttorin virkaa 1600-luvulta lähtien yhtäjaksoisesti 132 vuoden ajan. Keskeisellä paikalla kirkon kuorissa on jo Bachin aikana käytössä ollut ja yhä käytössä oleva kastemalja. Reformaation varhaisvaiheista kertoo kuorin muistotaulu, jossa on lainauksia Johann Hiltenin ennustuksista. Kuorissa on myös Lutherin läheisen ystävän, Eisenachissa 1565 kuolleen Nikolaus von Amsdorfin hautamuistomerkki. Amsdorf oli Lutherin matkakumppanina hänen kohtalokkaalla matkallaan Wormsin valtiopäiville. Luther vihki hänet 1542 Naumburgin piispaksi, joten Nikolaus von Amsdorfista tuli Saksan ensimmäinen evankelinen piispa.

Marktplatz

Luthererlebnispfad Georgenkirchen kulmalta lännen suuntaan aukenee Untere Predigergasse-niminen kuja. Sen varrella on 1200-luvulla rakennettu, aikoinaan täällä toimineelle dominikaaniluostarille kuulunut Predigerkirche. Tämän vanhan kirkkorakennuksen luota alkaa Lutherin mukaan nimetty 950 metrin pituinen elämyspolku, joka johtaa Wartburgin linnan lähelle. Polun varrella on noin 50 metrin välein infotauluja, joissa kerrotaan saksaksi ja englanniksi maailmanmenosta reformaation alkuaikoina. Lisäksi tauluissa on lainauksia Lutherilta. Eisenachin keskusta sijaitsee korkealla merenpinnan yläpuolella, ja elämyspolkukin alkaa 235 metrin korkeudesta. Vajaan kilometrin matkalla polku johtaa yhä korkeammalle: Wartburgin aasiaseman luona sijaitseva viimeinen infotaulu on 339 metriä merenpinnan yläpuolella. Wartburgin linnaa kohti jatkettaessa nousu jatkuu, linnanpiha on 415 metriä merenpintaa ylempänä.

Lähtöpaikka kaupungin puolella: Predigerplatz 2
Lähtöpaikka Wartburgin linnalta laskeuduttaessa: Eselstation

Bachhaus Säveltäjä, kapellimestari ja urkuri Johann Sebastian Bach eli parisataa vuotta Lutherin jälkeen. Eisenachin matkalla kannattaa ehdottomasti käydä myös Bachin kotimuseossa, sillä Lutherin kirjoitukset olivat Bachille keskeinen inspiraation lähde; esimerkiksi kantaatteja säveltäessään Bach tukeutui Lutherin raamatunkäännökseen.

Johann Sebastian Bach on evankelisen kirkkomusiikin tärkein edustaja. Hänen nimeään kantava museo avattiin vuonna 1907 taloon, jota pidettiin J. S. Bachin syntymäkotina. Myöhemmin tosin ilmeni, että Johann Sebastian olikin todennäköisesti syntynyt eräässä jo kauan sitten puretussa talossa, tosin vain noin sadan metrin päässä nykyisestä Bachhaus-museosta.

Museokokonaisuus on sijoitettu kahteen 1460-luvulla rakennettuun, myöhemmin toisiinsa yhdistettyyn *Fachwerk*-taloon ja vuonna 2007 valmistuneeseen moderniin rakennukseen. Historialliset asuinhuoneet – makuuhuone, olohuone ja keittiö – on sisutettu vuoden 1700 tienoilta peräisin olevin huonekaluin. Makuuhuoneen verhot ja vuodevaatteet on värjätty sinisellä väriaineella, jota on saatu lähialueella esiintyvästä värimorsinko-kasvista. Uudisrakennuksesta historiallisiin tiloihin siirtymisen vertauskuvallisena merkkinä on Bachin Leipzigin kodista tuotu ulko-ovi, jonka kautta Johann Sebas-

Johann Sebastian Bachin synnyinkoti. Nykyiseen Bachhaus-museoon kuuluu myös viereinen uudisrakennus.

tian Bach kulki 27 vuoden ajan toimiessaan Tuomaskoulun kanttorina.

Museon historiallisessa soitinsalissa museovieraat saavat osallistua noin 20 minuuttia kestävään konserttiin, joka sisältyy pääsylipun hintaan. Tämän kerran tunnissa järjestettävän pienoiskonsertin aikana esitetään Bachin musiikkia viidellä 1600- ja 1700-luvulta peräisin olevalla instrumentilla: kahdella urkuharmonilla, klavikordilla, spinetillä ja cembalolla.

Museon uudisrakennuksessa suomalaisia kävijöitä odottaa yllätys, sillä täällä voi käpertyä sisustusarkkitehti Eero Aarnion vuonna 1968 muotoilemaan futuristiseen tuoliin. Museossa on viisi professori Eero Aarnion muotoilemaa läpinäkyvää Kuplatuolia; istumapaikan voi valita sen perusteella, mitä Bachin teosta haluaa kuunnella.

Bachin säveliin voi eläytyä ehkä vielä intensiivisemmin astumalla sisään pimennettyyn näyttelyosastoon, jossa esitetään Bachin musiikista tehtyjä lyhytelokuvia 180 asteen valkokankaalle heijastettuna. Täällä voi kokea esimerkiksi Mühlhausenin kirkon uruilla soitetun sävellyksen *Toccata, Adagio und Fuge* tai kuunnella ja nähdä tanssiesityksen Bachin keskeneräiseksi jääneestä teoksesta *Die Kunst der Fuge.*

Museon kokoelmissa on noin 400 historiallista soitinta. Museon edustalla on 1800-luvun lopulla paljastettu Bachin patsas, joka pystytettiin alun perin Georgenkirche-kirkon eteen.

Frauenplan 2

Erfurt

Vanhin Erfurtista kertova asiakirja on arkkipiispa Bonifatiuksen vuonna 742 laatima kirje, jossa hän pyytää paavi Sakariasta vahvistamaan "Erphesfurtin" piispanistuimen perustamisen. Keskiajalla Erfurt kuului Saksan suurimpiin ja vauraimpiin kaupunkeihin. Sen menestys perustui pitkälti yhteen tuotteeseen, kaupungin ympäristössä viljellyn värimorsingon kuivatuista lehdistä valmistettuun siniseen väriaineeseen. Kun meritie Intiaan löydettiin 1500-luvun alussa, sen kilpailijaksi alettiin tuoda trooppisilla alueilla kasvavasta indigokasvista saatua sinistä väriainetta. Uusi tuote valtasi vähitellen markkinat ja pakotti erfurtilaiset lopulta luopumaan kokonaan värimorsinkoon perustuneesta liiketoiminnasta.

Yliopiston Erfurt sai viidentenä Pyhän saksalais-roomalaisen valtakunnan kaupungeista, jo vuonna 1392. Tämä yliopisto toimi vuoteen 1816 asti. Saksan valtioiden yhdistyttyä Erfurtiin perustettiin uusi yliopisto, johon sittemmin liitettiin myös täällä DDR:n aikana toiminut opettajakorkeakoulu.

Nykyisin Erfurtissa on noin 210 000 asukasta, se on Thüringenin osavaltion suurin kaupunki ja pääkaupunki. Saksan maantieteellinen keskipiste sijaitsee yleisesti hyväksytyn määritelmän mukaan Thüringenin Niederdorlassa, jonne on Erfurtista linnuntietä vain noin 45 kilometriä. Erfurt on siten maan keskipistettä lähinnä sijaitseva suurkaupunki.

Erfurtissa oli jo keskiajalla niin monia kirkkoja ja luostareita, että sitä kutsuttiin Thüringenin Roomaksi. Kaupunkiin saapuvat matkailijat näkevät tänäänkin jopa kymmenien kilometrien päästä kaksi korkeaa kirkontornia, tuomiokirkon ja sen vieressä sijaitsevan St. Severin kirkon tornit. Toisen maailmansodan pommitukset tuhosivat monia Erfurtin vanhan kaupungin taloista. DDR:n aikana hävitystä täydennettiin purkamalla vanhoja taloja keskustan lähelle rakennettujen suurten betonielementtitalojen tieltä. Erfurtin vanha kaupunginosa on silti yksi Saksan laajimmista ja parhaiten säilyneistä: huolella entisöityjen asuintalojen ja julkisten rakennusten lomassa on monia viehättäviä aukioita ja vieläkin noin kaksikymmentä kirkkoa. Myös Erfurtin raatihuone on vanhan kaupungin keskellä. Raatihuoneen juhlasalissa ja käytävillä kaupungin historiaa esitellään maalauksissa: yhdessä niistä nähdään Martti Luther kerjäläismunkkina, toisessa hän hyvästelee opiskelijatovereitaan juuri ennen siirtymistään luostariin. Raatihuoneen pääsisäänkäynnin yläpuolella on parveke, jota vartioivat 1800-luvun lopulta lähtien pronssiin valettuna kaksi Saksan historian merkkimiestä, keisarit Fredrik I ja Vilhelm II. Toisen maailmansodan jälkeen ne kuitenkin poistettiin poliittisista syistä. Reformaation 500-vuotisjuhlien yhteydessä syksyllä 2017 entisten keisaripatsaiden alustoille nostettiin uudet, nyt arkkipiispa Bonifatiusta ja Erfurtissa augustinolaismunkiksi vihittyä Martti Lutheria esittävät patsaat.

Kirkkoja ja raatihuonetta vilkkaampi matkailukohde vanhan kaupungin sydämessä on Gerajoen ylittävä Krämerbrücke-silta. Erfurtin kautta kulkenut kauppatie Via Regia ylitti Geran sen matalimmasta kohdasta. Täällä olleen kahlaamon paikalle rakennettiin silta todennäköisesti jo 1100-luvulla. Tämä ja myöhemmin rakennetut puusillat olivat kuitenkin yleensä melko lyhytikäisiä, sillä ahtaasti rakennetussa kaupungissa syttyi usein tulipaloja, jotka levisivät myös silloille. Kaupungin raati päätti siksi 1200-luvun lopulla rakentaa Geran yli uuden kivisen sillan. Se valmistui vuonna 1325; samalla sillan kumpaankin päähän rakennettiin kirkko ja portti sekä sillan kannen molemmille reunoille pikku puoteja. Kun kaupungissa riehui taas kerran suuri tulipalo vuonna 1472, joutuivat myös nämä sillalla sijainneet liiketilat liekkien saaliiksi.

Gerajoen yli rakennetulla sillalla oli asuintaloja jo keskiajalla. 1500-luvun alussa, kun Martti Luther opiskeli Erfurtissa, siltaa alettiin kutsua sinne asettuneiden rihkamakauppiaiden vuoksi nimellä Krämerbrücke.

Erfurtilaiset eivät tästä takaiskusta lannistuneet, vaan levensivät siltaa ja pystyttivät sen laidoille yhteensä peräti 62 kolmikerroksista ristikkorakenteista *Fachwerk*-taloa. Uusienkin talojen pohjakerroksissa oli puoteja, mutta niiden ylempiin kerroksiin voitiin sillan leventämisen ansiosta rakentaa nyt myös asuntoja. 1500-luvun alussa sillan nimeksi vakiintui siellä myyntiä harjoittaneisiin rihkamakauppiaisiin viittaava Krämerbrücke. Sillan rakennuksia on myöhemmin yhdistetty toisiinsa niin, että siltaa reunustaa nykyisin 32 asuintaloa; Erfurtin Krämerbrücke on ainoa asuttu silta Alppien pohjoispuolella. Sillan puodeissa myydään matkamuistoja, lähialueen viinejä – ja taas muotiin tulleita aidolla värimorsingolla värjättyjä kankaita.

Hyvän yleiskuvan Erfurtin vanhasta kaupungista saa kiipeämällä Krämerbrücken itäpäässä sijaitsevan Ägidienkirchen torniin. Kirkon edustalla on pieni aukio, Wenigemarkt, ja jatkamalla siitä parisataa metriä itään tullaan vilkkaalle keskusaukiolle, jonka nimi on Anger. Sen laidalla on Kaufmannskirchekirkko ja sen edessä 1800-luvun lopulla pystytetty Lutherin muistopatsas. Tuon ajan hengen mukaisesti Luther nähdään tässä patsaassa Raamattu kädessään polkemassa jalkoihinsa paavin hänelle lähettämää pannabullaa.

Suurin Ertfurtin aukioista on Domplatz, Tuomiokirkontori. Sen itäreunalla on kaupunkikiertoajelujen ja -kävelyjen lähtöpaikka: valittavissa on kumipyörillä kulkeva pikkujuna Altstadt-Express, historiallinen raitiovaunu tai vaihtoehtoisesti opastettu kävelykierros. Aukion etelälaidalla huomio kiintyy taloon, jonka julkisivussa on teksti Gasthaus Zur Hohen Lilie. Tämä pääosin 1200-luvulta peräisin oleva rakennus oli pitkään kaupungin paras majatalo, jossa niin hallitsijat kuin muutkin arvovieraat yöpyivät. Kerrotaan, että myös Martti Luther olisi aterioinut tässä talossa maaliskuun alussa vuonna 1522, kun hän oli *Junker Jörg*in asuun sonnustautuneena matkalla Wartburgista Wittenbergiin. Tiettävästi Luther väitteli täällä erään pappismiehen kanssa teologisista kysymyksistä ja joutui lähtemään Erfurtista kiireen vilkkaa, jotta hänen henkilöllisyytensä ei olisi paljastunut. Runsaat sata vuotta myöhemmin, 2.10.1631, kaupungin raatimiehet ottivat Zur Hohen Lilie -majatalon edustalla vastaan sankarikuningas Kustaa II Aadolfin. Uudelleen kuningas Kustaa Aadolf yöpyi täällä marraskuun alussa 1632, vain vähän ennen Lützenin taistelua, jossa hän sai surmansa. Kuningas Kustaa Aadolfia pidetään protestanttisen uskon pelastajana ja 1900-luvun alussa hänelle pystytettiin muistopatsas myös Erfurtiin, Predigerkirche-kirkon edustalle.

Erfurtin tuomiokirkon ja St. Severin kirkon luoteispuolella on laaja kukkulavyöhyke, jota reunustavat Petersbergin linnoituksen muurit. Erfurtin kautta kulkeneen Via Regia -kauppatien turvaamiseksi tänne rakennettiin tukikohta jo 800-luvun alkuun mennessä. Petersbergin linnassa järjestettiin myös Pyhän saksalais-roomalaisen keisarikunnan valtiopäiviä. 1000-luvulla benediktiinit rakensivat Petersbergiin luostarin. Sen entinen kirkko on yhä olemassa, vaikka rakennuksen käyttötarkoitus on muuttunut monta kertaa; nykyisin sen pohjakerroksessa järjestetään taidenäyttelyitä. Petersbergin linnoitus rakennettiin 1600-luvun lopulla. Sitä ympäröi jopa 20 metriä korkea ja yhteensä parin kilometrin pituinen muuri.

Martti Lutherin jälkiä seurattaessa kannattaa palata Tuomiokirkontorilta takaisin Krämerbrücke-sillan länsipäässä sijaitsevalle Benediktsplatz-aukiolle ja kääntyä täältä Michaelisstraßelle. Tämän kadun varrella on pieni Michaeliskirche, josta tuli Erfurtin yliopiston perustamisen yhteydessä vuonna 1392 yliopiston kirkko: sen kirkkoherrat toimivat oman työnsä ohessa yliopiston opettajina. Eräs heistä, filosofisen tiedekunnan dekaani Johannes Bonemilch von Lasphe, vihki augustinolaismunkki Martti Lutherin diakoniksi tämän kirkon sivukappelissa helmikuussa 1507.

Erfurtin vanhan yliopiston päärakennus *Collegium majus* oli valmistunut vuonna 1435 Michaeliskircheä viistoon vastapäätä sijaitsevalle tontille. Erään mellakan aikana 1510 riehaantunut kansanjoukko tuhosi tämän rakennuksen niin perusteellisesti, että sen tilalle jouduttiin rakentamaan uusi, nyt kaksikerroksinen Collegium majus. Tämä talo tuhoutui puolestaan toisen maailmansodan pommituksissa. Vuonna 1983, jolloin Martti Lutherin syntymästä oli kulunut 500 vuotta, vanhan yliopiston pääsisäänkäynti rakennettiin entisen mallin mukaan uudelleen. Myöhemmin myös kaksikerroksinen päärakennus on saanut entisen asunsa. Sen suojissa on nyt Keski-Saksan evankelisen kirkon virasto.

Yliopiston vanhojen rakennusten ja Krämerbrücken välisellä alueella asui keskiajalla paljon juutalaisia kauppiaita. Täällä – Michaelisstraßen, Waagegassen ja Marktstraßen rajaaman korttelin sisäpihalla – on Alte Synagoge, jonka vanhimmat osat ovat 1000-luvulta. Se on Euroopan vanhin ehjänä säilynyt synagoga. Lutherin aikana ja pitkään sen jälkeenkin sitä käytettiin varastona, sillä juutalaiset oli karkotettu Erfurtista jo 1300- ja 1400-luvun vainoissa. Nyt museona toimivan Alte Synagogen kokoelmien vetonaula on suuri kulta- ja hopeaaarre, jonka eräs juutalainen pankkiiri oli kätkenyt synagogan lähelle ilmeisesti vuoden 1349 juutalaisvainon yhteydessä pelätessään joutuvansa ryöstetyksi. Krämerbrücken ja Vanhan synagogan välisellä alueella oli keskiajalla myös juutalainen rituaalikylpylä eli *mikve*. Se on osa Erfurtin juutalaisista juurista kertovaa näyttelyä, joka on valittu Unescon maailmanperintöluettelon Saksan aielistalle.

Puolen kilometrin päässä Krämerbrückestä, Augustinerstraßen varrella on koulutus- ja kokouskeskus Georgenburse. Sen tontilla oli 1500-luvun alussa useista rakennuksista koostunut samanniminen opiskelija-asuntola, johon Martti Luther asettui Erfurtiin saavuttuaan asumaan. Opiskelijoiden lisäksi Georgenbursessa asui yliopiston henkilökuntaa, joka valvoi talon luostarimaisten, erittäin ankarien järjestyssääntöjen noudattamista. Georgenbursen yläkerrassa on nykyisin majoitustiloja pyhiinvaeltajille.

Lutherstein Stotternheimin kylä, joka liitettiin Erfurtiin Saksan jälleenyhdistymisen jälkeen, sijaitsee kaupungin pohjoispuolella, vajaan kymmenen kilometrin päässä keskustasta.

Erfurtin augustinolaisluostarin kirkko.

Se on noin 3500 asukkaan pientalovaltainen lähiö, jonka asukkaista pääosa käy töissä muualla. Muut erfurtilaiset tuntevat Stotternheimin parhaiten sen järvistä, jotka ovat syntyneet sitä mukaa, kun entiset sorakuopat on täytetty vedellä. Soranotto on ollut laajamittaista ja jatkuu yhä. Erään näin syntyneen pienen järven rannalla on Erfurtin kaupungin uimalaitos, jonne on Stotternheimin rautatieasemalta vain viiden minuutin kävelymatka.

Martinus Ludher, jonka nimisenä Martti Luther oli 1501 kirjattu Erfurtin yliopiston opiskelijaksi, lähti kesällä 1505 käymään vanhempiensa luona Mansfeldissä. Erfurtista on Mansfeldiin linnuntietä noin 75 kilometriä, joten yhdensuuntaiseen matkaan oli polkuja ja teitä kulkien varattava jalkapatikassa hyvinkin kolme päivää. Paluumatkalla 2. heinäkuuta 1505 nuori Martinus joutui Stotternheimissa, nykyisten Lutherseeja Klingsee-nimisten järvien itäpuolella, rajuun ukonilmaan. Martinus oli ennen tätä Mansfeldin matkaa suoriutunut neljässä lukuvuodessa kaikista tarvittavista perusopinnoista, jotta hän olisi voinut jatkaa isän toivomuksen mukaisesti opiskelua Erfurtin yliopiston oikeustieteellisessä tiedekunnassa. Ukkosmyrskyyn jouduttuaan Martinus huusi avukseen Pyhää Annaa, jonka suojelusta oli tuolloin tapana pyytää ukonilman osuessa kohdalle. Eikä Martinus tyytynyt kuolemanpelossaan vain pyytämään suojelusta, vaan hän lupasi myös ryhtyä munkiksi, mikäli selviäisi rajuilmasta. Vaikka hädän hetkellä annettu lupaus ei ollut kirkollisen oikeuden mukaan sitova, eikä tapauksella ilmeisesti ollut todistajia, Martinus Ludher katsoi sen velvoittavaksi: pari viikkoa kokemansa ukkosmyrskyn jälkeen hän kolkutti Erfurtin augustinolaisluostarin ovea ja ilmoitti pyrkivänsä munkiksi.

Reformaation 400-vuotisjuhlien yhteydessä vuonna 1917 Stotternheimin historialliselle tapahtumapaikalle pystytettiin muistokivi, jonka teksti kertoo, että salama taivaalta osoitti Lutherille tien. Tiedossa ei ole, päättikö Luther ryhtyä munkiksi pelkästään Stotternheimissa kohtaamansa ukonilman perusteella vai jättikö hän oikeustieteen opinnot jostakin muusta syystä. Varmaa sen sijaan on, että Lutherin kesällä 1505 tekemä päätös merkitsi käännekohtaa hänen elämälleen.

Erfurtin päärautatieasemalta Sangerhausenin suuntaan lähtevät paikallisjunat pysähtyvät Stotternheimin asemalla. Jotkut junat pysähtyvät kuitenkin vain tarvittaessa, jolloin pysähdyspyyntö pitää ilmoittaa *Haltewunsch*-painonapilla. Asemalta muistokivelle on noin 15 minuutin kävelymatka reittiä Friedensallee - Zum Stotternheimer See (sen varrella reitti ylittää junaradan) - Lutherweg. Muistokivelle johtavan tien varrelta kaivetaan soraa ja sinne johtavalla tiellä liikkuu ajoittain paljon kuorma-autoja. Tiellä on siksi kuivana aikana varauduttava sankkoihin pölypilviin. Vaihtoehtoisesti Lutherin muistoki-

Martti Lutherin elämä sai uuden käänteen Stotternheimin kylän lähellä 2.7.1505, kun hän joutui ukkosmyrskyyn ja lupasi siitä pelastuakseen ryhtyä munkiksi.

velle voi matkustaa Grubenstraßen vaihtoasemalta lähtevällä Erfurtin kaupungin liikennelaitoksen bussilla nro 31. Tämä bussi pysähtyy edellä mainitun Stotternheimin uimalaitoksen portilla, josta on alle kymmenen minuutin kävelymatka muistokivelle.

Luthersteinweg 1

Augustinerkloster Erfurtin evankelinen augustinolaisluostari sijaitsee lyhyen jalankulkumatkan päässä vanhan kaupungin hälinästä. Krämerbrücken länsipäästä sinne löytää helpoiten kulkemalla ensin noin 300 metriä Michaelisstraßea, kääntymällä oikealle, jatkamalla Augustinerstraßea Gerajoen yli ja edelleen suoraan parisataa metriä. Rautatieasemalta matkaa on puolitoista kilometriä, mutta linjojen 1 ja 5 raitiovaunuilla pääsee rautatieaseman edestä lähes perille asti; luostarin lähellä sijaitsevan pysäkin nimi on Augustinerkloster.

Myöhäiskeskiajan suuria kerjäläismunkkien yhteisöjä olivat augustinolaiset, benediktiinit, fransiskaanit ja karmeliitat. Erfurtissa oli kuutisenkymmentä augustinolaismunkkia heinäkuussa 1505, jolloin Martti Luther jätti hyvästit opiskelijatovereilleen ja siirtyi luostarin asukkaaksi. Tämän Lutherin elämän mullistaneen – ja myös reformaation kannalta ratkaisevan – tapahtuman näyttämönä pidetään nykyisen Comthurgasse-kujan varrella sijaitsevaa porttia. Se ei ole alkuperäinen, sillä vanha portti oli 1800-luvun erfurtilaisten silmissä Lutheriin suhteutettuna symboliarvoltaan liian vaatimaton. Tuon aikakauden huippuarkkitehti Karl Friedrich Schinkel sai siksi tehtäväkseen suunnitella sen tilalle arvokkaamman näköisen portin. Luostarin muurien sisäpuolelle tullaan nykyisin kuitenkin yleensä vastakkaiselta eli Augustinerstraßen puolelta, jossa on luostarihotellin vastaanotto. Täältä alkavat myös yksittäismatkailijoille tarkoitetut opastuskierrokset ja täällä on Luther-aiheisten kirjojen ja matkamuistojen myymälä.

Pääportilta on vain muutama askel kirkkoon, luostarin tärkeimpään rakennukseen. Augustinolaismunkit alkoivat rakentaa luostarilleen kirkkoa jo vuonna 1277. Kerjäläismunkkien Erfurtiin pystyttämistä kirkoista tämä on siten vanhin. Kirkon alttarin edessä Luther antoi 1506 kuuliaisuuteen, aviottomuuteen ja köyhyyteen velvoittavan munkkilupauksensa. Täältä Lutherin oletetaan myös saaneen idean sukuvaakunaansa, jota kutsutaan nykyisin Lutherin ruusuksi: eräässä kirkon leijona- ja papukaija-aihein koristellussa ikkunamaalauksessa on tyylitelty ruusu, jonka Luther näki jumalanpalvelusten aikana aina edessään. Martti Luther vihittiin papiksi helmikuussa 1507 Erfurtin tuomiokirkossa, mutta ensimmäisen messunsa hän

Martti Luther näki luostarikirkon ikkunassa edessään tämän "leijona- ja papukaija" -lasimaalauksen. Mahdollisesti hän sai tämän lasimaalauksen kuviosta idean vaakunatunnukseensa, Lutherin ruusuun.

toimitti oman luostarinsa kirkossa Mansfeldista kutsumiensa sukulaisten läsnä ollessa 2.5.1507.

Kirkon vieressä on pilarien kannattamien holvikaarien ympäröimä neliömäinen ristikäytävä, jonka rajaamaa sisäpihaa käytettiin munkkien hautausmaana. Ristikäytävältä pääsee luostarin kapiteelisaliin, jossa noviisi Martti Luther otettiin aikoinaan augustinolaisveljeskunnan jäseneksi. Vuonna 2011 tähän saliin oli järjestetty vastaanottotilaisuus, kun saksalaissyntyinen paavi Benedictus XVI vieraili Erfurtissa.

Opastettujen luostarikierrosten päätteeksi vieraille esitellään munkkien entiseen makuusaliin rakennettu pysyvä näyttely, jossa kerrotaan Raamatun syntyhistoriasta, luostarielämän vuorokausirytmistä ja Lutherin Rooman-matkasta, jonka hän teki yhdessä erään toisen munkin kanssa 1511-1512. Museokierroksella esitellään myös muutamia kammioita, joissa munkit opiskelivat ja työskentelivät.

Luostarin historian synkin päivä oli toisen maailmansodan lopulla, 25. helmikuuta 1945. Kaksi lentopommia osui silloin luostarin vanhaan kirjastorakennukseen, jolloin sen kellariin turvaan hakeutuneet sadat ihmiset kuolivat. Entisen kirjaston paikalla on nyt ekumeeninen kokouskeskus. Luostarissa toimii hotelli, jonka huoneita on sekä päärakennuksessa että idyllisessä Renaissancehof-piharakennuksessa. Se on oivallinen tukikohta Lutherin jälkien seuraajille.

Augustinerstraße 10

Domkirche St. Marien Erfurtin tuomiokirkkokukkulan täyttävät aivan lähekkäin rakennetut tuomiokirkko ja St. Severin kirkko. Kun erfurtilaiselta kysytään, miksi he ovat rakentaneet kaksi kirkkoa samalle kukkulalle, vastaus kuuluu: koska siellä ei ollut tilaa kolmannelle.

Ensimmäistä kirkkoa alettiin rakentaa kaupungin länsipuolella kohoavalle mäelle jo 700-luvulla, jolloin arkkipiispa Bonifatius oli lähetystyössä Thüringenissä. Vanhin nykyisestä tuomiokirkosta kertova asiakirja on vuodelta 1117. Kirkon papistolle ja kuorolle varattu itäpääty, kahdeksankulmainen kuoriosa, on 1300-luvulta, viimeiset kuori-ikkunoiden lasimaalauksista valmistuivat 1420-luvulla. Kirkon runkohuone uhkasi romahtaa 1400-luvun puolivälissä ja jouduttiin siksi purkamaan. Sen tilalle rakennettiin kuitenkin pian uusi entistä tilavampi kirkkosali, jonka tiedetään olleen käytössä viimeistään vuonna 1465. Tähän mennessä tuomiokirkko oli jo saanut suurin piirtein nykyisen ulkoasunsa.

Heinäkuun kahdeksannen päivän ensimmäisten tuntien aikana vuonna 1497 tuomiokirkon edustalla koettiin eräs kirkonkellojen historian huippuhetkistä. Hollantilaissyntyinen Gerhard van Wou valoi silloin tuomiokirkkoa varten yli 11 tonnia painavan, halkaisijaltaan 2,56 metrisen *Gloriosa*-kellon. Tämä oli jo kuudes Gloriosa: tuomiokirkkoa varten oli vuodesta 1251 alkaen valettu jo viisi samannimistä kelloa, mutta ne kaikki olivat joko halkeilleet tai tuhoutuneet tulipaloissa. Omalle paikalleen kirkon keskitorniin tämä Gloriosa nostettiin pari vuotta myöhemmin; se on maailman suurin keskiajalla valettu vapaasti heiluva kirkonkello. Tuomiokirkossa on nykyisin kaikkiaan 13 kelloa. Gloriosaa soitetaan kuitenkin vain suurimpina kirkollisina juhlapäivinä tai erityisistä syistä. Matkailijoille järjestetään kesäkaudella tuomiokirkon torniin erityisiä Gloriosa-opastuskierroksia.

Martti Luther, joka oli kirjoittautunut 17-vuotiaana keväällä 1501 Erfurtin yliopistoon, aloitti teologiset opintonsa Erfurtin augustinolaisluostarissa syksyllä 1505. Luther oli vihitty helmikuussa 1507 diakoniksi ja jo saman vuoden huhtikuussa piispa Johannes Bonemilch von Lasphe vihki hänet papiksi

Erfurtin tuomiokirkossa, todennäköisesti Kilian-kappelissa.

Tuomiokirkon runkohuoneen päätyyn hankittiin 1870-luvulla suurikokoinen Neitsyt Mariaa esittävä mosaiikkiteos. Sen vieressä ollut katto jouduttiin purkamaan 1960-luvulla ja samalla mosaiikki siirrettiin varastoon. Jokin aika sitten se kunnostettiin; Marian mosaiikkina tunnettu teos on äskettäin siirretty takaisin lähes alkuperäiselle paikalleen, nyt kuitenkin kyseisen päätyseinän sisäpuolelle.

Erfurtin kävijöiden, jotka eivät voi vierailla tuomiokirkossa, kannattaa silti kiivetä tuomiokirkontorilta kirkon tasanteelle johtavat 70 porrasta. Täältä aukeaa komea näkymä Erfurtin vanhan kaupungin suuntaan ja täällä voi tarkastella tuomiokirkon kolmiomaisen pääsisäänkäynnin kuvapatsaita. Idänpuoleista pääovea vartioi 12 apostolia, joiden keskellä on Neitsyt Maria Jeesus-lapsi sylissään, lännenpuoleista ovea koristavat Matteuksen evankeliumissa mainitut viisaat ja tyhmät morsiusneidot ja arkkienkeli Mikael.

Tuomiokirkontorilla järjestetään vuosittain monia suurtapahtumia. Martti Lutherin syntymäpäivänä, 10. marraskuuta, täällä vietetään Martin markkinoita, jolloin muistellaan myös Erfurtin kaupungin suojeluspyhimystä, 300-luvulla elänyttä Martinus Toursilaista. Adventtiaikana tuomiokirkontori muuttuu joulutoriksi, maaliskuussa täällä avataan juhlallisin menoin *Thüringer Bratwurst* -makkaran grillauskausi, elokuussa tuomiokirkon portailla nähdään ooppera- tai musikaaliesityksiä ja myöhemmin syksyllä täällä vietetään kaupungin omaia *Oktoberfest*-olutjuhlia.

Domstufen 1

Lutherstadt Wittenberg

Wittenberg on Saksan mittakaavassa pieni kaupunki; siellä on vain noin 45 000 asukasta. Vuoden 2016 lopussa Saksassa oli peräti 217 asukasluvultaan Wittenbergiä isompaa kaupunkia. Suhteellisen pienestä koostaan huolimatta Wittenbergiä verrataan usein Roomaan, sillä se merkitsee luterilaisille suunnilleen samaa kuin Rooma katolilaisille: hengellistä ja historiallista keskusta.

Wittenberg sai kaupunkioikeudet vuonna 1293 ja jo seuraavan vuosisadan alussa sen hallinnosta vastasivat omat raatimiehet. Pian sen jälkeen kaupungin suojaksi alettiin rakentaa muuria.

Wittenbergin kehityksen kannalta ratkaiseva tapahtuma oli Saksin hallitsijasuvun, Wettinien, jakaantuminen kahtia vuonna 1485. Suvun niin kutsuttua ernestiläistä linjaa edustavasta Fredrik III:sta tuli tällöin vaaliruhtinas, joka rakennutti ensi töikseen uuden sillan Wittenbergin vieressä virtaavan Elbejoen yli. Kaupungille uusi silta toi huomattavia lisätuloja, koska kaikista sen yli kuljetettavista tuotteista voitiin kerätä tullimaksuja.

Saksin alueella oli useita malmi- ja hopeakaivoksia, ja Fredrik III sijoitti huomattavan osan niiden tuotosta rakennushankkeisiinsa. Wittenbergiin alettiin vuonna 1490 rakentaa renessanssilinnaa ja kirkkoa, vaikka tarvittava kiviaines oli kuljetettava vaivalloisesti pitkien matkojen päästä. Kirkko oli tarkoitettu hallitsijoiden hautapaikaksi, mutta myös Fredrikin valtavan pyhäinjäännöskokoelman sijoituspaikaksi.

Vaaliruhtinas Fredrik III:n, jota kutsutaan usein Fredrik Viisaaksi, merkittävin hanke oli kuitenkin Wittenbergin yli-

opiston perustaminen vuonna 1502. Fredrik päätti sen perustamisesta yksin ja se onkin ensimmäinen pelkästään maallisen hallitsijan perustama yliopisto Euroopassa – sitä vanhemmat yliopistot ovat joko paavin tai paavin ja keisarin yhteisesti perustamia. Fredrik III kutsui uuden yliopistonsa raamatunselitysopin professoriksi ja teologisen tiedekunnan dekaaniksi Johann von Staupitzin, joka toimi myös augustinolaismunkkien veljeskunnan johtotehtävissä. Johann von Staupitz oli Martti Lutherin rippi-isä, ja luultavasti hänen kehotuksestaan Luther lähti syksyllä 1508 Wittenbergiin. Ensimmäisenä Wit-

Wittenbergin vanhaa kaupunkia ja sen ympäristöä voi ihailla lintuperspektiivistä, kun kiipeää Linnankirkon torniin. Kuvassa Wittenbergin kaupunkikirkon, St. Marienin, tornit.

tenbergin vuotenaan Luther luennoi yliopiston filosofisessa tiedekunnassa ja opiskeli teologiaa. Vuoden 1509 lopulla augustinolaisveljeskunta kutsui hänet kuitenkin yllättäen takaisin Erfurtiin. Pian sen jälkeen Luther lähetettiin yhdessä erään toisen munkin kanssa Roomaan viemään veljeskunnan sisäistä kiistaa koskeva vetoomus paaville. Matka tehtiin kerjäläismunkkien tapaan jalkaisin ja kesti lähes puoli vuotta. Veljeskunnan eripura ei kuitenkaan loppunut. Ilmeisesti tästä syystä von Staupitz lähetti Lutherin takaisin Wittenbergiin, jonne hän palasi syyskuussa 1511 – tuskin aavistaen, että hän tulisi viettämään täällä muutamia lyhyitä jaksoja lukuun ottamatta koko loppuelämänsä.

Seuraavana keväänä Luther nimitettiin Wittenbergin augustinolaisluostarin apulaisjohtajaksi ja saarnaajaksi. Staupitz kehotti Lutheria suorittamaan teologian tohtorin arvosanan, koska hän toivoi Lutherin ryhtyvän hänen seuraajakseen yliopiston raamatunselitysopin professorina. Luther sai käyttöönsä työhuoneen luostarin ulkoseinän tornimaisesta osasta. Tätä tilaa Luther käytti työhuoneenaan myös sen jälkeen, kun hän oli saanut luostarikäytöstä vapautuneen rakennuksen kokonaan haltuunsa.

Linnasta ja yliopistosta huolimatta Wittenberg oli 1500-luvun alussa vain parin tuhannen asukkaan pikkukaupunki. Luther kuvaili Wittenbergiä sanomalla, että se sijaitsi "sivilisaation rajamailla". Erinomaisen käsityksen siitä, miltä elämä Wittenbergissä tuolloin näytti, saa käymällä "Luther 1517" -panoraamassa, josta on tarkempi kuvaus sivuilla 73-76.

Jos haluaa tehdä museoiden ja kirkkojen sulkeuduttua iltakävelyn Wittenbergissä, kannattaa suunnata vanhaa kaupunkia ympäröivälle puistovyöhykkeelle, ja erityisesti johonkin sen *Luthergarten*-kohteista. "Lutherin puutarha" muodostuu 500 puusta, jotka on istutettu kolmeen eri paikkaan, vanhan kaupunginosan etelä-, pohjois- ja itäpuolelle. Luthergarten on ekumeeninen hanke, jonka sponsoreina on kristillisiä kirkkoja ja yhteisöjä yli sadasta maasta. Jokainen lahjoittajataho on istuttanut Wittenbergiin oman nimikkopuunsa ja toisen puun oman kirkkonsa lähistölle. Luthergartenin laajin, lähes 300 puuta käsittävä ovaalinmuotoinen alue sijaitsee Linnankirkon eteläpuolella. Osa puista on hedelmäpuita muistuttamassa lentävästä lauseesta, jonka väitetään olevan peräisin Lutheril-

Mikael Agricolan muistolaatta on myös entisen Leucorea-yliopiston seinällä.

ta: "Jos tietäisin, että maailma tuhoutuu huomenna, istuttaisin vielä tänään omenapuun". Myös Suomen evankelis-luterilainen kirkko ja muutamat seurakunnat ovat istuttaneet nimikkopuunsa Luthergarteniin: esimerkiksi Tampereen hiippakunnan istuttama metsälehmus, tämän projektin kohde numero 427, kasvaa Collegienstraßen varrella, Luthertalon lähellä.

Nykyistä Wittenbergiä kutsutaan toisinaan reformaatiohistorialliseksi ulkoilmamuseoksi. Useimmat Wittenbergiin saapuvista matkailijoista tutustuvatkin vierailunsa aikana pelkästään kirkollisiin kohteisiin, vaikka kaupungissa on muitakin nähtävyyksiä. *Haus der Geschichte* -museo kertoo siitä, millaisessa ympäristössä wittenbergiläiset elivät ennen vuotta 1990, ennen Saksan valtioiden yhdistymistä: museossa voi kurkistaa DDR:n ajalle tyypilliseen perheasuntoon, päiväkotiin, elintarvikekauppaan, olutkapakkaan ja tanssibaariin.

Kiinnostava kohde on myös Saksan kolmanneksi suurin joki Elbe. Linnankirkolta on kymmenen minuutin kävelymatka Elben sivupoukamassa sijaitsevaan pieneen satamaan. Vähän kauempana keskustan eteläpuolella voi käydä katsomassa lähes luonnontilaista Elben rantaa. Sinne pääsee ylittämällä vilkasliikenteisen B2-päätien vanhan kaupungin rautatieseisakkeen kohdalta ja jatkamalla sen jälkeen pientä peltotietä laajan niittyalueen läpi.

Keskustan koillispuolella on kiinnostava arkkitehtoninen kohde, Hundertwasserschule. Se on vanha koulu, joka rakennettiin 1990-luvun lopulla uudelleen itävaltalaisen taiteilija Friedensreich Hundertwasserin suunnitelmien mukaan. Tässä iloisen värikkäässä talossa toimii nyt Luther-Melachton -lukio. Jos kävelymatka Hundertwasser-koululle tuntuu liian pitkältä, koulua voi lähteä katsomaan kumipyöräisellä Altstadtbahn-turistijunalla. Tämän pikku junan saksaksi opastetut kiertoajelut alkavat kaupungin matkailutoimistolta, Linnankirkon edustalta. Wittenbergin lähiympäristöön voi tutustua myös parin tunnin mittaisilla – joinakin päivinä pidemmilläkin – Elben laivaristeilyllä.

Luthereiche/Elstertor Wittenbergin turvaksi rakennettiin puolustusmuuri pian sen jälkeen, kun sille oli 1293 myönnetty kaupunkioikeudet. Lutherin aikana tässä muurissa oli kolme porttia, etelän, lännen ja idän puolella. Augustinolaisluostarin lähellä sijainnutta idänpuoleista porttia kutsuttiin nimellä Elstertor eli Harakkaportti. Sen vieressä oli kaatopaikka, jossa kaupunkilaisilla oli tapana polttaa ruttoon tai muihin kulkutauteihin kuolleiden vaatteet.

Paavi Leo X:n kansliassa oli laadittu kesällä 1520 Lutherille *Exsurge Domine* -kirje, jolla hänet uhattiin julistaa kirkonkiroukseen eli pannaan, ellei hän peruisi kirjoituksiaan. Tämä uhkaus toimitettiin Wittenbergin yliopiston rehtorille virallisesti 10. lokakuuta 1520; sen mukaan Lutherilla oli 60 päivää aikaa perua kirjoituksensa. Määräajan umpeutumispäivän aamuna 10. joulukuuta 1520 Martti Luther saapui Elstertorin viereiselle kaatopaikalle yhdessä Philipp Melanchtonin ja Johannes Agricolan kanssa ja heitti tuleen paavin pannauhkauksen, osia katolisen kirkon kanonisen oikeuden kirjoista sekä Johannes Eckin ja muiden vastustajiensa kirjoituksia opiskelijoiden ja yliopiston opettajien katsellessa. Perimätiedon mukaan paikalle istutettiin tapauksen muistoksi tammi jo seuraavana päivänä.

Napoleonin joukot voittivat 1800-luvun alussa Preussin ja Saksin yhdistetyn armeijan. Tämän jälkeen ranskalaiset valtasivat myös Wittenbergin ja linnoittivat sen. Saadakseen esteettömän ampuma-alan eräs ranskalaisten komentaja hävitti kaupunkia ympäröivät talot ja antoi kaataa tulilinjalla olevat puut; myös Lutherin muistoksi istutettu tammi sai väistyä. Paikalla nyt kasvava tammi istutettiin kaadetun tilalle vuonna 1830, Augsburgin tunnustuksen 300-vuotisjuhlien yhteydessä.

Am Hauptbahnhof 2

Lutherhaus + Augusteum Pari vuotta Wittenbergin yliopiston perustamisen jälkeen augustinolaismunkkien veljeskunnalle alettiin rakentaa luostaria nykyisen Collegienstraßen päähän, Elstertor-portin lähelle. Uutta taloa alettiin kutsua ”Mustaksi luostariksi” sen asukkaiden mustien kaapujen mukaan. Martti Luther muutti tänne ensimmäisen kerran 1508 ja uudestaan 1511. Muutamia lyhyitä jaksoja lukuun ottamatta Luther asui ja työskenteli täällä koko loppuikänsä, yli 35 vuotta. Augusteum on samaan kokonaisuuteen kuuluva kadunpuoleinen talo. Se rakennettiin 1500-luvun lopulla ja sai nimensä talon rakennuttajalta, Saksin vaaliruhtinas Augustilta. Luthertalossa on maailman suurin reformaatiohistoriallinen näyttely, jota Augusteumin vaihtuvat näyttelyt täydentävät. Talojen väliin rakennettiin 2000-luvun alussa uusi lasiseinäinen sisääntuloaula ja uuden museotekniikan edellyttämät tilat.

Luostarin toiminta päättyi 1522, jolloin täällä asui Lutherin lisäksi enää yksi munkkiveli. Elämä talossa vilkastui kesällä 1525, kun Luther meni naimisiin Mariethronin luostarista lähteneen Katharina von Boran kanssa. Perheeseen syntyi kahdeksan vuoden aikana kuusi lasta, lisäksi entiseen luostariin muutti Martti Lutherin sisko Margaretha lapsineen. Katharina emännöi taloa tarmokkaasti: hän viljeli peltoja, kasvatti karjaa, hoiti puutarhaa, pani olutta ja majoitti opiskelijoita. Parhaimmillaan Lutherien talossa saattoi asua oman väen lisäksi jopa kaksikymmentä maksavaa vierasta. Talonväkeen kuului useita piikoja ja renkejä, sillä entisessä luostarissa oli paljon rakennettavaa ja kaikenlaista muuta tehtävää. Luostarin puutarhan läpi virtasi puro, jonka varrelle padottiin altaita kalankasvatusta varten. Näin Lutherien ruokapöytään saatiin tavanomaisen suolasillin lisäksi makean veden kaloja. Katharina organisoi työt taitavasti ja huolehti perheen talousasioista niin, että Martti kutsui vaimoaan leikillisesti ”herra Kätheksi”. Köyhänä munkkina Wittenbergiin saapuneesta Martti Lutherista oli elämänsä loppupuolella tullut varakas, pitkälti vaimonsa taloudenpidon ansiosta. Katharinan uutteran työnteon vertauskuvana Luthertalon pihalla on muistomerkki, jossa pronssiin valettu Katharina kiiruhtaa päättäväisenä oviaukon läpi, ikään kuin aikakaudesta toiseen.

Vaaliruhtinas Fredrik Viisas lahjoitti luostarirakennuksen, tontin ja puutarhan Luthereille ja heidän perillisilleen vuonna 1524. Virallisesti Lutherit saivat entisen luostarin kuitenkin vasta vaaliruhtinas Juhanan eli Juhana Horjumattoman valtakaudella vuonna 1532. Lutherien lapsilta kiinteistö siirtyi 1564 yliopistolle, joka rakennutti talon pihanpuoleiselle seinustalle sen ulkoasua yhä rytmittävän kulmikkaan porrastornin. Seuraavan kerran rakennukseen tehtiin suuria muutostöitä 1800-luvulla. Museoksi talo muutettiin vuonna 1883.

Museokäynnin aikana kävijät saavat monipuolisen kuvan Martti Lutherista ja hänen vaikutuksestaan. Museossa on tuhatkunta näyttelyesinettä ja monia merkittäviä taideteoksia, kuten Lucas Cranach vanhemman maalaus ”Kymmenen käskyä”. Wittenbergin raati tilasi sen Cranachilta istuntosaliaan

Lutherhaus oli alun perin rakennettu luostariksi. Vaaliruhtinas Fredrik Viisas lahjoitti talon tontteineen Martti Lutherille ja hänen perheelleen.

varten, jotta Jumalan antamat käskyt olisivat päätöksiä tehtäessä aina nähtävänä. Toinen katseenvangitsija museokierroksella on kaupunginkirkon saarnatuoli, josta Luther saarnasi elämänsä aikana yli tuhat kertaa. Museon ehkä tunnelmallisin tila on *Lutherstube*, Lutherin perheen asuinhuone, jonka katto, ikkunat ja seinien koristeellinen panelointi ovat säilyneet alkuperäisinä. Täällä on myös komea kaakeliuuni, joka on kuitenkin Lutheria myöhemmältä ajalta. Kiertokäynnillä kuljetaan entisen ruokasalin kautta, jossa istui Lutherin aikana usein kymmeniä ruokailijoita. Täällä, ja pienemmässä piirissä Lutherstubessa, keskusteltiin paitsi teologisista myös monista muista asioista. Opiskelijat kirjasivat muistiin käytyjä keskusteluja, joita on Lutherin kuoleman jälkeen julkaistu nimellä *Tischreden* eli "Pöytäpuheita".

Tutkiessaan Paavalin kirjettä roomalaisille Luther teki havainnon, joka muutti ratkaisevasti hänen teologista ajatteluaan ja oli siten alkusysäys reformaatiolle. Tätä oivallusta – vanhurskauden saavuttamista ilman omia tekoja tai hartausharjoituksia, yksin armosta – kutsutaan Lutherin työhuoneen sijainnin perusteella tornikokemukseksi. Kyseinen huone sijaitsi luostarin eteläpuoleisen sivun jatkeessa, joka oli alun perin ollut keskiaikaisen kaupunginmuurin pieni puolustustorni. Tämä rakennuksen jatke ei ole säilynyt, mutta paikalla sijainneen tornin pohjarakenteet ovat nähtävillä talon lipunmyyntipisteen lähellä.

Museokierroksen päätteeksi kannattaa viivähtää hetki talon sisäpihalla ja tutkia Katharina von Boran muistomerkin lähellä sijaitsevaa koristeellista sisäänkäyntiä. Katharina teetti tämän oven puolisolleen syntymäpäivälahjaksi vuonna 1540. Ovea ympäröivän kehyksen kiviaines on tuotu Elben hiekkakivialueelta Pirnasta, ja työn toteuttanut kivenhakkaajamestarikin oli sieltä kotoisin, vaikka hänen nimeään ei tiedetä. Oven molemmin puolin veistetyt pienet istumasyvennykset yläpuolisine pikku katoksineen ovat alkuperäisiä ja niiden kuva-aiheet ovat yhä tunnistettavissa: toinen esittää Martti Lutheria, toinen hänen vaakunaansa eli Lutherin ruusua.

Katharinan oven vasemmalla puolella on syvennys, jonka edessä kaikki Luthertalon suomalaiset vieraat syystä pysähtyvät: täällä on Mikael Agricolalle omistettu muistolaatta. Arvailujen varaan jää, millä perusteella vain vajaa kolme vuotta Wittenbergissä opiskellut Mikael Agricola on saanut muistolaatan maailman suurimman reformaatiohistoriallisen museon entisen pääsisäänkäynnin viereen. Todennäköisesti se sijoitettiin näin arvokkaalle paikalle Saksan ja Suomen aseveljeyden perusteella; Agricolan muistolaatta on paljastettu sotavuonna 1942.

Collegienstraße

Melanchtonhaus Vaaliruhtinas Fredrik Viisas perusti 1518 Wittenbergin yliopistoon kreikan kielen oppituolin. Virkaa tarjottiin ensin kuuluisalle muinaiskreikan asiantuntijalle ja humanistille Johannes Reuchlinille, mutta korkean ikänsä vuoksi hän ei ottanut sitä vastaan, vaan suositteli tehtävään erityisen lahjakasta kreikan kielen taitajaa, siskonsa tyttärenpoikaa Philipp Melanchtonia. Näin professorin virkaan valittiin 1497 Lounais-Saksassa syntynyt Philipp Melanchton, joka oli Wittenbergiin muuttaessaan vasta 21-vuotias. Melanchtonin virkaanastujaispuhe elokuussa 1518 teki niin suuren vaikutuksen Lutheriin, että hänestä tuli pian Lutherin tärkein työtoveri. Jo seuraavana talvena Melanchton kirjoitti esipuheen Lutherin psalmiluentoihin ja auttoi Lutheria, kun tämä työsti uudelleen Galatalaiskirjettä koskevaa luentoaan.

Melanchton vuokrasi asunnokseen vaatimattoman talon Collegienstraßen varrelta ja asui siinä aluksi avustajiensa kanssa. Koska Luther oli huolestunut Melanchtonin asuinoloista ja pelkäsi, että tämä saattaisi lähteä Wittenbergistä, Luther ryhtyi puhemieheksi ja taivutteli Melanchtonin avioliittoon; Philipp Melanchton ja Wittenbergin pormestarin tytär Katharina Krapp vihittiin marraskuussa 1520. Seuraavien vuosien aikana he saivat kaksi tytärtä ja kaksi poikaa.

Luther lähti joulukuussa 1521 piilopaikastaan Wartburgista käydäkseen Wittenbergissä. Tämän käynnin jälkeen Melanchton laati järjestelmällisen kokonaisesityksen kaikista teologisista ajatuksista, joita Luther oli kehitellyt kirjoituksissa, luennoissa ja saarnoissa. Melanchton myös kannusti Lutheria ryhtymään Raamatun saksantamiseen ja auttoi häntä käännöstyössä. Melanchton oli intohimoinen ja suosittu opettaja, joka pystyi laajan yleissivistyksensä ansiosta pitämään monien eri tieteenalojen luentoja. Hän kirjoitti useita oppikirjoja, uudisti yliopistollista opetusta ja perusti kouluja. Melanchton johti 1529 reformaatiota edustavia neuvottelijoita Spyerin valtiopäivillä, joille Luther ei voinut lainsuojattomana osallistua. Seuraavana vuonna Melanchton oli vielä keskeisemmässä roolissa, kun hän kirjoitti Augsburgin valtiopäivillä luterilaisuuden keskeisen tunnustuskirjan, *Confessio Augustana*n.

Monet yliopistot olisivat mielellään värvänneet Melanchtonin palvelukseensa. Varmistaakseen, että Melanchton pysyisi Wittenbergissä, vaaliruhtinas Juhana Fredrik määräsi, että hänelle oli rakennettava uusi edustava talo. Tämä puoliksi vaaliruhtinaan ja puoliksi yliopiston rahoittama talo valmistui 1536 Collegienstraßen varrelle lähelle sitä paikkaa, jossa Melanchton oli asunut siihen asti vuokralla. Talo säilyi lähes alkuperäisessä asussaan vuosisatojen ajan, kunnes Preussin valtio osti sen 1845 ja aloitti entisöinnin. Melanchtonin aikaisten huonekalujen asemasta talo sisustettiin 1800-luvun lopulla vallinneen historiakäsityksen mukaisesti. Talon pysyvä näyttely kertoo Philipp Melanchtonin elämästä, teoksista ja vaikutuksesta lähinnä käsikirjoitusten, grafiikan ja maalausten avulla. Muutama vuosi sitten museon kylkeen valmistui moderni lisärakennus, jonka ansiosta museo on nyt lähes esteetön. Museokävijät pääsevät myös talon eteläpuolella sijaitsevaan puutarhaan; myös varakkailla porvareilla kuten Philipp Melanchtonilla oli 1500-luvulla oma hyöty- ja yrttitarha. Melanchton oli hyvin perillä kasveista ja tutki niiden terveydellisiä vaikutuksia.

Lutherin kuoleman jälkeen Melanchtonista tuli protestanttien johtohahmo. Hän jäi asumaan Wittenbergiin vielä senkin jälkeen, kun protestantit hävisivät Mühlbergin taistelun. Melanchton suostui joustamaan muutamissa opillisissa kysymyksissä. Kun tilanne myöhemmin muuttui protestanttien kannalta uudelleen edullisemmaksi, Melanchtonin tekemiä myönnytyksiä alettiin arvostella.

Philipp Melanchton kuoli Wittenbergissä 1560 ja hänet haudattiin Linnankirkkoon, Lutherin lähelle. Luther ja Melanchton on ikuistettu lähekkäin myös Wittenbergin torin patsai-

Joulukuussa 1520 Luther poltti paavi Leo X:ltä saamansa pannauhkauskirjeen Wittenbergin itäisen kaupunginportin luona. Tapahtumapaikalla on nyt suihkulähde ja muistotammi.

siin. Täällä nähtävä Lutherin muistopatsas tilattiin kuvanveistäjä Johann Gottfried Schadowilta, joka oli tullut tunnetuksi Berliinissä sijaitsevan Brandenburgin portin *Quadriga*-muistomerkin suunnittelijana. Kun Philipp Melanchtonin kuoleman 300-vuotispäivä lähestyi, myös häntä päätettiin kunnioittaa Wittenbergin torille sijoitettavalla patsaalla. Melanchtonin patsaan suunnittelijaksi valittiin kuvanveistäjä Friedrich Drake, joka oli Schadowin tapaan menestynyt Berliinissä. Wittenbergiläiset antoivat Drakelle ilmeisesti kuitenkin varsin tarkat toimintaohjeet, sillä Melanchtonin patsas muistuttaa monessa suhteessa viereistä Lutherin patsasta.

Collegienstraße 60

Stadtkirche St. Marien + Bugenhagenhaus

Wittenbergin torin länsilaidalla näkyy kaksi vierekkäistä korkeaa kirkontornia. Ne kuuluvat St. Marien -kaupunkikirkolle, jota kutsutaan usein reformaation äitikirkoksi tai maailman evankelisimmaksi kirkoksi. Näille ilmauksille on hyvät perusteet, sillä Luther saarnasi tässä kirkossa 34 vuoden aikana yleensä vähintään kerran viikossa. Noin tuhat Lutherin täällä pitämää saarnaa on säilynyt jälkipolville. Niistä parhaiten tunnetaan kahdeksan *Invokavit*-saarnaa, jotka Luther piti keväällä 1522 palattuaan Wartburgista. Nämä saarnat ovat saaneet nimensä paastonajan ensimmäisen sunnuntain latinankielisestä nimestä. Luther tuomitsi näissä saarnoissa Andreas Bodensteinin tekemät radikaalit uudistukset ja puolusti hitaammin toteutettavaa rauhanomaista reformaatiota. Andreas Bodenstein, jonka sukunimenä esiintyy välillä Karlstadt hänen kotikaupunkinsa mukaan, oli noussut Lutherin Wartburgissa oleskelun aikana reformaation johtoon Wittenbergissä. Jouluna 1521 hän toimitti St. Marien -kirkossa liturgian saksan kielellä ja jakoi seurakuntalaisille ehtoollisella sekä leipää että viiniä. Uudistukset johtivat levottomuuksiin, kun kirkosta alettiin helmikuussa 1522 Bodensteinin johdolla hävittää pyhimystenkuvia ja sivualttareita.

Evankelinen oppi tulee erityisen selvästi esille St. Marien -kirkon kolmiosaisessa alttaritaulussa, jota kutsutaan usein myös reformaatioalttariksi. Lucas Cranach nuoremman maalaaman alttaritaulun aiheena ovat ne kolme sakramenttia, jotka Luther hyväksyi seitsemästä katolisen kirkon sakramentista: kaste, ehtoollinen ja rippi. Alttaritaulun vasemmassa maalauksessa kastajana nähdään Philipp Melanchton, jota avustaa Lucas Cranach vanhempi. Maalauksen keskiosa esittää Jeesusta opetuslapsineen ehtoollista nauttimassa, Martti Luther on kuvassa mukana Junker Jörgin hahmossa. Rippiä kuvaavassa oikeanpuoleisessa maalauksessa rippi-isänä nähdään reformaattori Johannes Bugenhagen, joka perimätiedon mukaan myös vihki tämän alttaritaulun vuonna 1547. Taulun jalustan eli predellan maalauksessa Luther saarnaa Wittenbergin seurakunnalleen; ristiinnaulittu Jeesus on evankelisen opin mukaisesti kuvan keskellä. Tähänkin kuvaan on sisällytetty helposti tunnistettavia henkilöitä: seurakuntalaisten joukossa on Lutherin vaimo Katharina tyttärineen sekä jälleen Lucas Cranach vanhempi.

Alttaritaulun lähellä on Lucas Cranach nuoremman tummasävyinen maalaus, jonka aiheena on Herran viinitarha. Sen oikealla puolella nähdään muun muassa Luther, Melanchton ja Bugenhagen hoitamassa kukoistavaa Herran viinitarhaa, kun taas paavin kannattajat taulun vasemmalla puolella laiminlyövät oman viinitarhansa hoidon ja antavat sen villiintyä. Tätä virsirunoilija Paul Eberin muistotaulua on pidetty Lucas Cranach nuoremman myöhäisenä kannanottona paavin Lutherille lähettämään pannauhkauskirjeeseen.

Martti Luther luopui munkinkaavustaan St. Marien -kirkossa vuonna 1524. Seuraavana vuonna Johannes Bugenhagen vihki hänet ja Katharina von Boran täällä avioliittoon. St. Marien -kirkossa myös kastettiin kaikki Martti ja Katharina Lutherin kuusi lasta. Kirkon eräässä pilarissa on Lutherien puolivuotiaana kuolleen Elisabeth-tyttären kuolemasta kertova muistotaulu. Martti Lutherin käyttämä kirkon vanha saarnatuoli on Wittenbergin Luthertalossa. Kirkon nykyinen uusgoottilainen saarnatuoli hankittiin sen tilalle 1800-luvun alussa.

Kirkon ulkopuolella, kaakonpuoleisessa nurkkauksessa on 1440-luvulta tai mahdollisesti jo 1300-luvulta peräisin oleva juutalaisuutta pilkkaava reliefi, joka esittää juutalaisten saastaisena eläimenä pitämää sikaa. Eri puolilta Eurooppaa, mutta varsinkin Saksasta, tunnetaan yhteensä lähes 50 tämäntapaista myöhäiskeskiaikaista korkokuvaa tai patsasta. St. Marien -kirkon pilkkareliefin alla katutasossa on Wittenbergin kirkkoneuvoston 1988 tilaama muistolaatta, jonka tekstissä selitetään juutalaisten kansanmurhan johtuneen juutalaisvihasta.

Kirkon vastakkaisella puolella, pienen puistikon edessä on Martti Lutherin läheisen ystävän ja työtoverin Johannes Bugenhagenin rintakuva. Pommerista kotoisin ollut Bugenha-

Lucas Cranach nuorempi on maalannut St. Marien -kirkon alttaritaulun. Sen aiheena ovat ne kolme sakramenttia, jotka Luther hyväksyi: kaste, ehtoollinen ja rippi.

gen valittiin Lutherin suosituksesta 1523 St. Marien -kaupunkikirkon kirkkoherraksi. Hän oli Lutherin ja Melanchtonin rinnalla kolmas keskeinen uskonpuhdistaja Wittenbergissä. Bugenhagen laati kirkkojärjestyksen monille Pohjois-Saksan kaupungeille. Hän oli perustamassa Tanskan evankelista kirkkoa ja toimi Tanskan kuninkaan neuvonantajana kirkollisissa kysymyksissä.

St. Marien -kirkon vieressä on näyttävä kaksikerroksinen talo, Bugenhagenhaus. Se on maailman vanhin evankelinen pappila. Johannes Bugenhagen asui ja vaikutti tässä talossa kuolemaansa asti, vuoteen 1558. Sen jälkeen talo oli keskeytyksettä vuoteen 1997 saakka Wittenbergin piispaa vastaavan viranhaltijan asuntona ja työtilana. Nykyisin talossa on muun muassa kehitysmaatuotteiden kauppa sekä talon asukkaista ja historiasta kertova pieni näyttely.

Kirchplatz 12

Cranachs Welt Junalla Wittenbergiin saapuva matkailija, joka lähtee jalkaisin kohti Luthertaloa ja muita Collegienstraßen varrella sijaitsevia reformaatiokohteita, näkee pian rautatieasemalta lähdettyään pylvään päässä oudon muistomerkin: kiemurtelevan käärmeen, jolla on suussaan sormus, päässään kruunu ja selässään lepakon siivet. Teos esittää pelkistetysti Cranachin suvun vaakunaa, jonka vaaliruhtinas Fredrik Viisas vahvisti vuonna 1508. Tästä kuviosta tuli hovimaalari Lucas Cranach vanhemman tavaramerkki, jolla hän signeerasi teoksensa. Saman kruunupäisen kiemurtelevan käärmeen L ja C-kirjaimilla täydennettynä voi nähdä jalkakäytävään upotetussa laatassa Wittenbergin torin reunalla, ja se on tunnuksena esimerkiksi *Cranach-Herberge*n, Cranach-säätiön hotellin, avaimenperissä.

Lucas Cranachin sukunimi oli alun perin Sunder, mutta hän alkoi jo nuorena käyttää syntymäkaupungistaan Kronachista johdettua nimeä Cranach. Wittenbergiin Lucas Cranach tuli 1500-luvun alussa, kun Saksin vaaliruhtinas kutsui hänet hovimaalarikseen. Eräs Cranachin varhaisimmista tehtävistä oli dokumentoida vaaliruhtinas Fredrik Viisaan suuri pyhäinjäännöskokoelma. Cranach teki tästä aiheesta 119 puuleikkausta käsittävän sarjan, mutta maineikas taiteilija hänestä tuli Martti Lutheria ja muita reformaattoreita esittävien muotokuvien ja alttaritaulujen ansiosta. Cranachin maine perustuu ennen kaikkea teoksiin, jotka esittävät evankelisen opin kannattajia, mutta hän otti tilauksia myös katolisilta hallitsijoilta – esimerkiksi Hallen tuomiokirkkoon hän teki kardinaali Albrecht von

Brandenburgin toimeksiannosta viiden vuoden aikana peräti 142 maalausta.

Vaikka Lucas Cranach vanhempi pysyi koko elämänsä ajan uskollisena Saksin vaaliruhtinaille, hän siirsi työpajansa vaaliruhtinaan linnasta taloon, jonka hän osti 1512 Wittenbergin torin laidalta. Tänne hän perusti myöhemmin myös kirjapainon, jossa painettiin monia Lutherin teoksista. Lisäksi Cranach osti 1518 vielä toisen suuren talon torin kulmalta ja laajensi samalla toimintaansa uusille aloille: hän avasi anniskeluliikkeen, jota nykyisin kutsuttaisiin viinibaariksi; hän alkoi myydä puupiirroksiaan ja muuta taidegrafiikkaa omaan laskuunsa; vuonna 1520 Cranach sai oikeuden toimia apteekkarina, ja pian sen jälkeen hän alkoi myydä myös kirjoja ja paperia.

Cranach kuvitti Lutherin kääntämään Uuden testamentin puuleikkauksin ja teetti siitä yhdessä liikekumppaninsa kultaseppä Christian Döringin kanssa 3000 kappaleen painoksen. Uuden testamentin painattaminen osoittautui kannattavaksi liiketoimeksi: painos myytiin teoksen korkeasta hinnasta huolimatta loppuun muutamassa kuukaudessa.

Cranach ystävystyi Lutherin kanssa ja oli vaimonsa kanssa todistamassa, kun Martti Luther ja Katharina von Bora vihittiin. Hän oli myös Luthereiden vanhimman pojan kummi, mikä tosin ei yksinään välttämättä kerro läheisestä ystävyydestä – kummeiksi pyydettiin tuohon aikaan useita, mieluiten korkeassa asemassa olevia henkilöitä, ja ilmeisesti myös Lutherit valitsivat lastensa kummit lujittaakseen ja laajentaakseen sosiaalista verkostoaan.

Cranachien maalaustyöpaja toimi erittäin nopeasti ja tehokkaasti. Se johtui ainakin osaksi eräänlaisesta sarjatuotannosta – työpajassa käytettiin hyväksi aikaisempien maalausten malleja, kun samoista henkilöistä tehtiin uusia muotokuvia. Lisäksi työpajan palveluksessa oli suuri joukko oppipoikia, kisällejä ja avustajia, jotka sekoittivat maalit ja tekivät muut aikaa vievät perustyöt. Näin Cranachit voivat keskittyä teosten vaativaan viimeistelyyn. Nykyisin arvioidaan, että Cranachien verstaalla valmistui puolen vuosisadan aikana jopa 5000 maalausta. Lucas Cranach toimi Wittenbergin pormestarina 1537-1544. Myös Lucas Cranach nuoremmalla oli merkittävä asema Wittenbergissä, hänkin oli kaupunginraadin jäsen ja toimi 1565 myös kaupungin pormestarina.

Nykyisin Wittenbergin torin varrella on Cranachien taiteilijaperheen elämästä ja teoksista kertova pysyvä näyttely Cranachs Welt, jossa on noin 80 jäljennöstä Cranachien teoksista. Lisäksi näyttelyssä kerrotaan taiteilijaverstaan työmenetelmistä, nähtävänä on myös rakennuksen saneerauksen yhteydessä paljastuneita osia talon seinä- ja kattomaalauksista. Talon sisäpihalla on taiteilijoiden ja taidekäsityöläisten työpajoja, myymälöitä ja kahvila.

Torilta Linnankirkon suuntaan kuljettaessa kadun nimeksi vaihtuu Schlossstraße. Tämän kadun kulmatalossa, joka oli Cranachin perheen asuintalo, on nykyisin Cranach-säätiön ylläpitämä majoitusliike. Historiansa ja keskeisen sijaintinsa vuoksi se on erinomainen tukikohta Wittenbergiin tutustuville Luther-matkalaisille. Samassa talossa toimii myös luonnonlääkkeisiin erikoistunut Lucas-Cranach -apteekki. Talon sisäpihalla on Lucas Cranach vanhempaa esittävä pronssiveistos.

Markt 4, Schlossstraße 1

Schlosskirche Wittenbergin Linnankirkkoa pidetään merkittävimpänä reformaatiosta kertovana pyhäkkönä: sen oveen Lutherin arvellaan naulanneen teesinsä, sen lattian alla on Lutherin viimeinen leposija ja sen tornia koristaa Martti Lutherin *Ein feste Burg ist unser Gott* -virren alkusäe.

Ein feste Burg ist unser Gott oli mukana jo Jacobus Finnon vuonna 1583 julkaisemassa ensimmäisessä suomenkielisessä virsikirjassa; sen käännös alkoi silloin sanoilla ”*Meidhän linnam on Jumal taivast*”. Uutena suomennoksena, joka alkaa säkeellä ”*Jumala ompi linnamme*”, se tuli virsikirjaan 1800-luvun lopulla. Virren saksankielinen alkusäe on Wittenbergissä luettavissa pitkänkin matkan päästä, sillä sen mosaiikkikivistä sommitellut kirjaimet ovat lähes metrin korkuisia. Luther sanoitti ja sävelsi tämän suomalaisille erityisen merkityksellisen virren jo 1520-luvulla. Linnankirkon tunnukseksi *Ein feste Burg ist unser Gott* tuli kuitenkin vasta 1800-luvun lopulla, kun kirkko sai nykyisen pyöreän torninsa. Kirkon tornissa sijaitsevalle näköalatasanteelle voi kiivetä, kunhan käy ensin ostamassa sisäänpääsylaitteeseen sopivan poletin linnan toimistosta, jonne kuljetaan kirkon sisäpihan kautta. Vaivannäkö kannattaa, sillä tornista avautuu vaikuttava näkymä sekä kaupunkiin että sen ympäristöön.

Eräs kirkkohistorian tärkeimmistä päivämääristä on 31. lokakuuta 1517: Martti Lutherin oletetaan naulanneen tuona lauantaipäivänä Wittenbergin Linnankirkon oveen 95 teesiä, joilla hän arvosteli ankarasti aneita ja aneilla käytävää kauppaa. Aneiden avulla oli keskiajalla mahdollista ostaa lievennys tai jopa täydellinen vapautus kirkon määräämistä katumusharjoituksista. Luotettavaa kirjallista todistusaineistoa Lutherin teesien naulaamisesta ei ole säilynyt. Kirkkojen ovia käytettiin Saksassa tuohon aikaan yliopistojen ilmoitustauluina, joten tieto saattaa hyvinkin pitää paikkansa. Kymmenkunta vuotta sitten löydettiin teologi Georg Rörerin muistiinpano, jonka perusteella teesit oli ehkä kiinnitetty jopa kaikkien Wittenbergin kirkkojen oviin. Rörer oli yksi tärkeimmistä Lutherin saarnojen ja luentojen tallentajista ja hän oli lisännyt merkinnän teesien naulaamisesta käyttämänsä Uuden testamentin sivulle. Kyseinen Rörerin Uusi testamentti on painettu vuonna 1540 eli se voisi olla kaivattu aikalaistodiste tutkijoita pitkään askarruttaneesta asiasta. Hän on tosin saattanut tehdä kirjaansa muistiinpanoja vielä Lutherin kuoleman jälkeenkin, joten ei asiaa ole voitu vieläkään vahvistaa yksiselitteisesti. Edelleen on siis epävarmaa, naulattiinko teesit todella Linnankirkon oveen ja tarttuiko Martti Luther itse vasaranvarteen. Varmaa on kuitenkin, että Wittenbergin yliopiston professori Martti Luther lähetti 31.10.1517 aneita käsittelevät teesinsä Magdeburgin ja Mainzin arkkipiispalle, kardinaali Albrecht von Brandenburgille, kiinnittääkseen huomiota havaitsemiinsa epäkohtiin. Arkkipiispa ei suvainnut vastata Lutherille, joten hän lähetti teesinsä jonkin ajan kuluttua myös muutamille ystävilleen. Eräs heistä julkaisi teesit Lutherin tietämättä – ja pian sen jälkeen niistä keskusteltiin kiihkeästi kaikkialla Pyhän saksalais-roomalaisen keisarikunnan alueella. Linnankirkon ovi, johon teesit tiettävästi oli kiinnitetty, oli puurakenteinen ja tuhoutui tulipalossa vuonna 1760. Preussin kuningas Fredrik Vilhelm IV lahjoitti 1858 sen tilalle uuden pronssista valetun kaksiosaisen oven, jota koristaa teesien latinankielinen teksti. Sisäänkäynnin yläpuolella olevassa kuvassa ristiinnaulitun Jeesuksen toisella puolella on Martti Luther avoin Raamattu edessään, toisella puolella Philipp Melanchton Augsburgin uskontunnustus kädessään. Teesioven yläpuolelle seinäpintaan on sijoitettu Saksin vaaliruhtinaiden Fredrik Viisaan ja Juhana Horjumattoman patsaat muistuttamassa siitä, miten tärkeää maallisten hallitsijoiden tuki oli reformaatiolle.

Martti Luther lähti tammikuussa 1546 Wittenbergistä syntymäkaupunkiinsa Eislebeniin sovitellakseen taas kerran Mansfeldin kreivien välisiä riitoja. Tästä tuli hänen viimeinen matkansa: Luther kuoli Eislebenissä aamuyöllä 18. helmikuuta 1546. Lutherin ruumis kuljetettiin 50 ratsumiehen saattamana

Wittenbergiin ja hänet haudattiin neljä päivää myöhemmin Linnankirkon lattian alle, saarnatuolin lähelle. Luther sai näin viimeisen leposijansa lähellä sitä paikkaa, josta hän oli pitänyt monet väkevät saarnansa.

Vain runsas vuosi Lutherin kuoleman jälkeen, huhtikuussa 1547, katolinen keisari Kaarle V kukisti protestanttien joukot Mühlbergin taistelussa. Pian sen jälkeen keisari Kaarle V kävi Wittenbergissä ja tiettävästi myös Linnankirkossa. Kerrotaan, että keisaria olisi tällöin yllytetty rikkomaan hautarauha ja määräämään Lutherin ruumis poltettavaksi. Tähän ei Kaarle V suostunut, ja niin Lutherin hauta sai olla koskemattomana aina vuoteen 1892 asti, jolloin rakennustyömiehet avasivat arkun lyhyeksi ajaksi kirkon lattiaa uusittaessa. Koska siihen ei ollut lupaa, asia pimitettiin ja tuli ilmi vasta jälkikäteen. Näkyvänä todisteena kirkon korjaajien menettelystä Wittenbergin Luthertalossa on esillä Lutherin ruumisarkusta irrotettu kahva.

Lutherin lähin työtoveri Philipp Melanchton kuoli vuonna 1560, ja hänetkin haudattiin Linnankirkkoon. Melanchtonin hauta on Lutherin hautaa vastapäätä ja muistuttaa sitä myös ulkonäöltään: molemmilla hautamuistomerkeillä on matala jalusta ja niiden päällä yksinkertainen pronssilaatta latinankielisine teksteineen.

Linnankirkon sisätilat uudistettiin vuoden 1760 tulipalon jälkeen ajan hengen mukaisesti. Kaikki Pyhän saksalais-roomalaisen keisarikunnan hallitsijat olivat katolisia vuoteen 1807 eli keisarikunnan muodolliseen loppuun asti. Kun Saksa yhdistyi Preussin johdolla vuonna 1871, sen valtaistuimelle nousi evankelinen keisari Vilhelm I. Hän ja hänen pojanpoikansa keisari Vilhelm II myönsivät tarvittavat määrärahat, joilla Linnankirkosta rakennettiin reformaation tärkein muistomerkki. Monien patsaiden lisäksi kirkko sai tällöin uudet ikkunat, joiden lasimaalauksissa nähdään tärkeimpien reformaatiokaupun-

Linnankirkon tornissa näkyvä teksti Ein feste Burg ist unser Gott on Lutherin virren (suomeksi: Jumala ompi linnamme) alkusäe.

kien vaakunat. Lutherin syntymän 500-vuotisjuhlien johdosta kirkon kahteen ikkunaan saatiin Luterilaisen maailmanliiton lahjana 1983 uudet lasimaalaukset. Ne tilattiin taiteilija Renate Brömmeltä; lasimaalaukset esittävät kahdentoista maan tai alueen reformaattoria. Toisessa ikkunassa ylimpänä nähdään kasvokuva Suomen uskonpuhdistaja Mikael Agricolasta.

Schlossplatz 1

Panorama ”Luther 1517” Raamatunhistoriaa, kuuluisia taisteluita ja eksoottisia maisemia alettiin havainnollistaa 1800-luvulta alkaen maalaamalla suurikokoisia 360-asteisia panoraamoja. Niitä varten rakennettiin pyöreitä teattereita, joissa käyminen oli ennen elokuvien aikakautta suosittua ajanvietettä monissa Euroopan ja Pohjois-Amerikan suurkaupungeissa.

Panoraamamaalaukset olivat jo jäämässä unohduksiin, mutta 1970-luvulla varsinkin Itä-Euroopassa huomattiin niiden soveltuvan propagandan levittämiseen. Myös Saksan demokraattisessa tasavallassa historiaa haluttiin tuoda näyttävästi esille suuren panoraaman avulla. Niinpä DDR:n kulttuuriministeriö tilasi maansa eturivin taidemaalareihin kuuluneelta professori Werner Tübkeltä Saksan talonpoikaissotaa esittävän panoraamamaalauksen. Reformaatio oli johtanut tai ollut ainakin osasyynä talonpoikien kapinointiin, jonka keulahahmoksi nousi Lutherin kanssa riitautunut teologi Thomas Münzer. DDR:n johto halusi esitellä hänet Saksan tärkeimpänä varhaisena vallankumouksellisena. Talonpoikaissodan verisin taistelu käytiin toukokuussa 1525 Harzvuoriston eteläpuolella, Frankenhausenin lähellä. Taistelupaikalle pystytettiin 1974–1975 suuri sylinterimäinen rakennus, jossa professori Tübke avustajineen alkoi toteuttaa monumentaalista Bauernkriegspanorama-maalausta. Työn valmistuminen kesti odotettua pidempään, muun muassa Tübken maalaustyön aikana saamien rasitusvammojen vuoksi. Teos vihittiin virallisesti vuonna 1989, jolloin oli kulunut 500 vuotta Thomas Münzerin syntymästä.

Panoraamojen uusi kukoistuskausi alkoi Saksassa, kun persialaista syntyperää oleva taiteilija ja arkkitehti Yadegar Asisi sai valmiiksi Mount Everestin maisemaa esittävän panoraamansa Leipzigissa vuonna 2003. Nykyisin Asisin panoraamakuvia on nähtävillä seitsemässä kaupungissa. Berliinissä niitä on kaksi, muinaista Pergamonin kaupunkia esittävä panoraama Pergamonmuseossa ja Berliinin muuria esittävä panoraama Checkpoint Charlien entisen rajaylityspaikan lähellä.

Luther 1517 -panoraama, josta käytetään myös sen internet-osoitteen mukaista nimeä *wittenberg360.de* ja joka tunnetaan Wittenbergissä Asisi-panoraamana, on koottu tuhansista toisiinsa yhdistetyistä digitaalisista valokuvista. Kuvat on pai-

Wittenbergin vetovoimaisin matkailunähtävyys on ovi, johon Lutherin oletetaan naulanneen anekauppaa arvostelevat teesinsä. Nykyinen pronssista valettu ovi on 1800-luvun puolivälistä.

nettu kolmen metrin levyisille, yli 30 metriä pitkille kankaille, jotka on asennettu pyöreän rakennuksen sisälle. Panoraamaa katsellaan sen keskeltä: lattiatasolta, keskikerroksesta tai ylimmältä kuuden metrin korkeudella sijaitsevalta tasanteelta. Panoraaman säestyksenä kuullaan taustamusiikkia ja puhuttuja kommentteja, lisäksi tehokeinona käytetään kuvan eri kohtien vaihtelevaa valaisemista, jolla synnytetään vaikutelma eri vuorokaudenajoista – aamunkoitto vaihtuu Wittenbergin Linnankirkon ympäristössä auringonlaskuun neljännestunnissa. Tästä valaistusrytmistä huolimatta katsojat viihtyvät katsomossa keskimäärin noin tunnin.

Mahdollisimman todentuntuisen kokonaisuuden luomiseksi panoraaman käsikirjoitus laadittiin yhteistyössä historian asiantuntijoiden kanssa. Panoraaman kuvitusvaiheessa työhön osallistui 25 näyttelijää, jotka puvustettiin ja maskeerattiin samaan tapaan kuin elokuvia kuvattaessa.

Yadegar Asisi nostaa Luther 1517 -panoraaman kuvituksessa esiin useita reformaatiokauden historiallisia tapahtumia. Martti Luther esiintyy panoraamassa eri-ikäisenä ja eri tilanteissa, esimerkiksi vaimonsa Katharinan, Philipp Melanchtonin, Lucas Cranach vanhemman ja Thomas Münzerin seurassa. Teos kertoo samalla siitä, millaista wittenbergiläisten ilot ja surut olivat puoli vuosituhatta sitten: kaupungin kaduilla ja kujilla käydään kauppaa, leikitään ja kerjätään. Eräässä kohtauksessa nähdään, kuinka noidaksi tuomittu nainen joutuu roviolle.

Suurpanoraamaa varten pystytettiin Lutherstraßen ja Wilhelm-Weber-Straßen kulmaan reformaation 500-vuotisjuhlien edellä oma pyöreä talo. Luther 1517 -panoraama on nähtävissä täällä lokakuun 2021 loppuun asti.

Lutherstraße 42

Magdeburg

Martti Luther oli vasta 13-vuotias, kun hänen vanhempansa lähettivät hänet jatkamaan koulunkäyntiä Magdeburgiin. Tämä johtui ilmeisesti siitä, että he halusivat antaa pojalleen paremmat edellytykset valmistautua myöhempiin jatko-opintoihin kuin Mansfeldin koulussa oli mahdollista. Mansfeldista oli jalkaisin parin kolmen päivän matka Elben varrella sijaitsevaan Magdeburgiin. Martin kanssa Magdeburgiin lähti myös hänen koulukaverinsa Hans Reinicke, mikä epäilemättä helpotti sopeutumista uusiin oloihin. Täällä pojat kävivät todennäköisesti tuomiokirkon koulua ja asuivat hurskaudestaan tunnettujen ”Yhteiselämän veljien” luona. Ajan tavan mukaan koululaiset hankkivat ainakin osan toimeentulostaan esittämällä lauluja ja kerjäämällä, mitä ei pidetty mitenkään häpeällisenä. Tiedossa ei ole, miksi nuori Martti Luther lähetettiin Magdeburgista jo yhden lukuvuoden jälkeen jatkamaan opintietään Eisenachiin. Ehkä se johtui siitä, että Eisenachissa asui paljon Martin äidin sukulaisia, ehkä syynä oli Eisenachissa toimineen Sankt Georgen koulun erikoisen hyvä maine.

Luther kävi Magdeburgissa myöhemminkin. Sen jälkeen, kun Luther oli 1516 valittu munkkikuntansa alue-esimieheksi, hän kävi tarkastusmatkalla Magdeburgin augustinolaisluostarissa. Kesällä 1524, kun eteläisessä Saksassa alkanut talonpoikien kapinaliike uhkasi laajeta Magdeburgiin, kaupungin pormestari kutsui Lutherin rauhoittamaan tilannetta. Lutherin Magdeburgissa pitämien saarnojen jälkeen kaupunkilaisten enemmistö ryhtyikin kannattamaan maltillista reformaatiota. Varmistaakseen evankelisen opin menestyksen Luther lähetti tänne ystävänsä Nikolaus Amsdorfin, joka organisoi kaupungin kirkolliset olot, koulut ja köyhäinhoidon Wittenbergin esimerkin mukaisesti.

Magdeburgiin oli 1500-luvulla parin päivän matka Wittenbergistä. Luther kävi elämänsä aikana monta kertaa Etelä-Saksassa ja nuorena munkkina kerran jalkaisin Roomassa asti, mutta hänen ei tiedetä koskaan käyneen Magdeburgia pohjoisempana. Reformaatio eteni kuitenkin jo Lutherin elinaikana Pohjois-Saksaan, Tanskaan ja muualle Pohjois-Eurooppaan. Näillä alueilla reformaation edistämisestä vastasi ensisijaisesti Lutherin läheinen työtoveri Johannes Bugenhagen.

Sekä Kolmikymmenvuotisessa sodassa että toisessa maailmansodassa lähes täydellisesti hävitetty Magdeburg on nykyisin Saksi-Anhaltin osavaltion pääkaupunki. Sen asukasluku on noin 240 000. Magdeburgin nimeen lisätään usein liite Ottostadt, kahdestakin syystä: Pyhän saksalais-roomalaisen keisarikunnan keisari Otto Suuri perusti vuonna 968 Magdeburgin arkkihiippakunnan, ja 1600-luvulla elänyt luonnontieteilijä, keksijä ja diplomaatti Otto von Guericke toimi muiden tehtäviensä ohella pitkään Magdeburgin pormestarina. Kaupungin merkittävin nähtävyys on 1300-luvun puolivälissä valmistunut tuomiokirkko. Suosittu kohde Magdeburgin keskustassa on myös arkkitehti Friedensreich Hundertwasserin piirustusten mukaan rakennettu värikäs asuin- ja liiketalo, joka tunnetaan nimellä Die Grüne Zitadelle. Erikoinen tekniikan alan nähtävyys keskustan pohjoispuolella on Wasserstraßenkreuz, "vesiteiden risteys". Sen näyttävin osa on Elben yli rakennettu jättiläismäinen silta jokilaivoille, jotka kulkevat Mittelland-kanavaa pitkin.

Sankt-Johannis-Kirche Luther saarnasi kesäkuussa 1524 Magdeburgin Johanniskirche-kirkossa, paikalla, jonne oli rakennettu ensimmäinen kirkko tiettävästi jo 1130-luvulla. Se ja paikalle myöhemmin rakennetut kirkot tuhoutuivat: tulipaloissa, 30-vuotisessa sodassa ja toisen maailmansodan pommituksissa. Kirkko rakennettiin kuitenkin aina uudelleen,

Moniin Saksan kaupunkeihin pystytettiin 1800-luvun loppupuolella muistomerkkejä Lutherin kunniaksi. Magdeburgin Luther-patsas on Sankt-Johannis-Kirchen edustalla.

viimeksi Saksan valtioiden yhdistymisen jälkeen 1990-luvulla. Jumalanpalvelusten lisäksi kirkossa järjestetään nykyisin konsertteja ja kokouksia. Matkailijoita kirkossa kiinnostaa erityisesti sen näköalatasanne: kiipeämällä 277 askelmaa voi tähyillä Magdeburgin kaupunkia ja sen halki virtaavaa Elbejokea lintuperspektiivistä.

Kirkon länsipuolella on Martti Lutheria esittävä pronssipatsas 1800-luvun lopulta. Kirkon sisääntuloaulaan sijoitettu nuorta naista esittävä patsas tunnetaan nimellä "Sureva Magdeburg". Se on kopio Wormsin suureen Luther-muistomerkkiin kuuluvasta veistoksesta ja ainoa taideteos, joka onnistuttiin pelastamaan ehjänä vuoden 1945 pommitusten tuhonneesta kirkosta.

Johanniskirchen tuntumassa on pari muutakin arvokasta muistomerkkiä. Kaupunkien itsemääräämisoikeutta symbolisoiva miekkamies *Roland* vartioi Magdeburgin raatihuonetta sen pohjoiskulmalla. Raatihuoneen edessä vanhan torin hyörinää tarkastelee *Magdeburger Reiter*, Magdeburgin ratsastaja. Tämä kullattu ratsastajapatsas esittää todennäköisesti keisari Otto Suurta, sillä hänen vieressään suojakatoksen alla seisovilla neitosilla on käsissään keisarilliset tunnukset: lippusalko ja kilpi, johon on kuvattu kotka. Alkuperäinen noin vuonna 1240 hiekkakivestä veistetty Magdeburgin ratsastaja on kaupungin kulttuurihistoriallisessa museossa.

Johannisbergstraße 1

Mansfeld

Hans Luder perheineen muutti keväällä 1484 Eislebenistä noin 15 kilometrin päässä sijaitsevaan Mansfeldiin. Martti Luther vietti siten lapsuutensa ja ensimmäiset kouluvuotensa Harzvuoriston itälaidalla sijaitsevassa pikkukaupungissa. Tällä seudulla oli alettu louhia kupariliusketta jo keskiajalla. Mansfeldissa kaivostoimintaa saivat harjoittaa Lutherin aikaan vain sulattojen omistajat. Kuparisulattoja olikin täällä parhaimmillaan pitkälti toistasataa. Keskiajan lopulla niistä saatiin noin 300 tonnia kuparia ja pari tonnia hopeaa vuodessa. Malmisuoni oli hyvin kapea, ja kaivoskäytävätkin olivat vain runsaan puolen metrin korkuisia. Malmia louhittiin siksi makuuasennossa. Mansfeldin malmissa oli kuparia enimmillään noin kolme prosenttia, joten jalostukseen kelpaamatonta sivukiveä jäi runsaasti. Sitä läjitettiin alkuaikoina pieniksi kumpareiksi ja myöhemmin leveiksi valleiksi. Toisen maailmansodan jälkeen sivukiveä alettiin kasata kartiomaisiksi "pyramideiksi", jotka ovat edelleen Mansfeldin ja Eislebenin seudun kauas näkyviä maamerkkejä: alueen korkeimman sivukivivuoren huippu on noin 150 metriä ympäristöään ja noin 300 metriä merenpintaa ylempänä. Vuoriteollisuuden sivukiveä on käytetty myös taloja rakennettaessa, joten Mansfeldin seudulla näkee tuon tuostakin harmaita kivitaloja.

Mansfeld sai kaupunkioikeudet vuonna 1400. Alueliitosten vuoksi kaupungissa on nykyisin noin 10 000 asukasta, mutta vain vajaa kolmasosa heistä asuu alkuperäisessä Mansfeldissa eli siinä kaupunginosassa, jonka virallinen nimi on Mansfeld-Lutherstadt. Tämän vanhan Mansfeldin vieressä näkyy korkea kukkula ja sen laella linna, jonka tiloissa on nykyisin koulutuskeskus ja majoitusliike. Kun Mansfeldin kreivien suku riitautui perintökiistojen takia 1500-luvun alussa, kukin kolmesta sukuhaarasta rakensi tälle vuorelle oman linnansa. Korkeiden ylläpitokustannusten vuoksi näistä on säilynyt ainoastaan Mansfeld-Lutherstadtiin näkyvä linna, eikä sekään ole täysin säästynyt muutoksilta.

Mansfeldiin pääsee paikallisliikenteen busseilla Eislebenistä; matka kestää mtkaisen tien ja sivukylillä poikkeamisten vuoksi noin 50 minuuttia.

Luthers Elternhaus Ahkera ja kunnianhimoinen Hans Luder eteni nopeasti kaivosyrittäjäksi ja osti perheelleen jo muutaman vuoden Mansfeldissa asuttuaan talon hyvältä paikalta, kirkon läheltä. Martti Luther kuvaili lapsuudenkotiaan köyhäksi, mutta talon tontilla myöhemmin tehdyt arkeologiset tutkimukset todistavat muuta: hänen kotinsa oli sen ajan oloissa pikemminkin varakas, talossa oli jopa kaakeliuuneja ja värillisiä ikkunalaseja. Kaivausten perusteella tiedetään myös, että Luthereilla syötiin monenlaisia liharuokia, myös riistaa, ja harvinaisia järvikaloja.

Wittenbergin kodissa aikuisiällä pitämissään puheenvuoroissa, joita läsnäolijat kirjasivat ja kutsuivat pöytäpuheiksi, Martti Luther kuvasi kotikasvatustaan ankaraksi. Kertoipa hän kerran saaneensa selkäsaunan vain yhden ainoan pähkinän varastamisesta. Lutherien alkuperäistä kotitaloa oli tulipalon vuoksi sekä muutettu että laajennettu, kunnes se 1800-luvun alussa purettiin lähes kokonaan. Talon entinen talousrakennus rakennettiin kuitenkin myöhemmin Lutherin muistohuoneistoksi, ja 2000-luvun alussa Lutherin vanhempainkoti restauroitiin. Nykyisessä Lutherin vanhempainkoti -museossa esitellään perheen kotioloja ja kerrotaan Martti Lutherin läheisistä yhteyksistä Mansfeldin kreiveihin.

Lutherstraße 26

Mansfeldin torilla on muistomerkki, jonka korkokuvissa Martti Luther nähdään koulupoikana Mansfeldissa, naulaamassa teesejä Wittenbergissä ja keisarin edessä Wormsin valtiopäivillä.

Luthers Schule Koulunkäyntiä ei aloitettu keskiajalla missään määrätyssä iässä: ne etuoikeutetut lapset, joilla oli 1400-luvun lopun Saksassa ylipäätään mahdollisuus saada opetusta, laitettiin kouluun vanhempiensa harkinnan mukaan. Martti Luther aloitti koulunkäynnin todennäköisesti aikaisintaan viisivuotiaana. Koulu oli niin kutsuttu triviaalikoulu, jossa opeteltiin ennen kaikkea latinaa – sitä piti oppia puhumaan kieliopin ja sisällön puolesta virheettömästi ja ymmärrettävästi. Latinaa päntättiin koulussa kaiken aikaa, saksan puhumisesta kiinni jäänyttä oppilasta rangaistiin. Koulun vieressä sijaitsevan St. Georgskirche -kirkon kirkkoherra oli sivutoimisesti koulun rehtori, joten oli luonnollista, että koulun oppilaat osallistuivat jumalanpalveluksiin kuoripoikina ja alttaripalvelijoina.

Opetus ei ilmeisesti ollut Mansfeldin koulussa järin korkeatasoista, sillä vuonna 1497 Lutherin vanhemmat lähettivät Martti-poikansa jatkamaan opintoja Magdeburgiin. Siellä hän jatkoi koulunkäyntiä yhdessä mansfeldiläisen masuunimestarin pojan Hans Reinicken kanssa yhden vuoden ajan.

Alkuperäinen koulurakennus oli vielä 1990-luvun alussa pystyssä, mutta niin kehnossa kunnossa, että se piti purkaa. Vanhan kivijalan päälle rakennettiin entisen mallin mukainen talo, johon on sijoitettu muun muassa turisti-info. Uudelleen rakennetun koulutalon seinää koristaa leikkimielinen teesi numero 96: "Milloinkaan ei pidä lakata ajattelemasta poikkipuolisesti".

Junghuhnstraße 2

Lutherbrunnen Runsaat sata vuotta sitten torille pystytettyä Luther-muistomerkkiä kutsutaan Mansfeldissä kaivoksi. Sen alaosassa onkin vesihanoja ja -allas, mutta tärkeimpinä elementteinä tässä muistomerkissä ovat Martti Lutherin elämänvaiheita kuvaavat suuret kuvareliefit. Ne esittävät Lutheria koulupoikana Mansfeldissä, naulaamassa teesejä Wittenbergin linnankirkon oveen ja puolustamassa kirjoituksiaan keisarin edessä Wormsin valtiopäivillä. Ylimpänä kolmiomaisessa muistomerkissä nähdään Mansfeldin suojeluspyhimys Sankt Georg eli Pyhä Yrjö taistelemassa lohikäärmettä vastaan.

Lutherplatz

Stadtkirche St. Georg Kun Hans Luderin perhe muutti 1484 Eislebenistä Mansfeldiin, nykyisen St. Georgskirchen paikalla oli vielä edellinen, todennäköisesti saman vuosisadan alussa rakennettu kirkko. Tässä kirkossa tehtiin Martti Lutherin lapsuuden aikana niin laajoja muutostöitä, että kirkko vihittiin uudestaan 1497. Hans Luder oli kohonnut Mansfeldissä huomattavaan yhteiskunnalliseen asemaan ja osallistui kirkon korjaustöiden suunnitteluun. Lisäksi hän lahjoitti varoja kirkon rakennusrahastolle.

Tulipalo runteli kirkkoa kuitenkin jo sen uudelleen vihkimistä seuraavana vuonna niin, että sitä jouduttiin taas korjaamaan, ja siksi se vihittiin jälleen vuonna 1503. Työt kirkossa jatkuivat tämän jälkeenkin pitkään; kirkon torni valmistui vasta 1500-luvun puolivälissä. Mansfeldin seutu oli tuolloin suhteellisen vaurasta, mikä näkyy yhä kirkon sisustuksessa. Martti Luther saarnasi kaksi kertaa tässä lapsuutensa kirkossa lokakuussa 1545.

Lutherstraße 7

Torgau

”Wittenberg on uskonpuhdistuksen äiti, Torgau sen kätilö”. Tämä sanonta perustuu siihen, että Torgau oli uskonpuhdistuksen alusta alkaen noin 30 vuotta Saksin ernestiläiseen sukuhaaraan kuuluneiden vaaliruhtinaiden pääasiallinen hallintopaikka ja siten evankelisen liikkeen poliittinen keskus.

Torgaussa valtaa pitäneet Saksin vaaliruhtinaat vaikuttivat keskeisesti reformaation leviämiseen. Saksin hallitsija oli yksi niistä seitsemästä vaaliruhtinaasta, jotka valitsivat Pyhän saksalais-roomalaisen keisarikunnan keisarin. Vaaliruhtinas Fredrik III eli Fredrik Viisas perusti 1500-luvun alussa Wittenbergin yliopiston, jossa Martti Luther toimi raamatunselitysopin professorina. Anekauppaa arvostelevien teesien julkaisemisen jälkeen paavi julisti Lutherin vuonna 1518 lainsuojattomaksi, mutta Fredrik Viisas asettui hänen tuekseen. Sama toistui Wormsin valtiopäivien jälkeen keväällä 1521, kun Fredrik Viisas järjesti Lutherin sieppaamisen ja antoi hänelle salaisen turvapaikan Wartburgin linnassa.

Vaikka Fredrik Viisas auttoi Lutheria monin tavoin, he eivät tiettävästi koskaan tavanneet henkilökohtaisesti; yhteydenpito tapahtui pääasiassa Georg Burkhardtin välityksellä. Burghardt oli kotoisin pienestä Spaltin kaupungista ja muutti, kuten tuohon aikaan monet muutkin, sukunimensä kotikaupunkinsa nimen mukaiseksi – jälkimaailma tuntee hänet siksi nimellä Georg Spalatin. Valmistuttuaan papiksi Wittenbergin yliopistosta Georg Spalatin siirtyi Torgauhun, jossa hänestä tuli Fredrik Viisaan yksityiskirjuri, linnan hovisaarnaaja ja pian myös Fredrik Suuren rippi-isä. Vaaliruhtinaiden neuvonantajana Spalatin oli vaikutusvaltainen henkilö: hän edisti uuden opin levittämistä niin tehokkaasti, että Luther ja Melanchton kutsuivat häntä ”reformaation perämieheksi”. Fredrik Viisas

Elben rannalla sijaitseva Hartenfelsin linna oli reformaatiota suosineiden Saksin vaaliruhtinaiden hallinto- ja asuinpaikka 1500-luvun alussa.

antoi Spalatinille nykyisen Katharinenstraße-kadun varrella sijaitsevan talon, jossa on nyt säveltäjä, kanttori Johann Walterin elämäntyöstä kertova museo. Walter teki yhteistyötä Martti Lutherin kanssa ja kokosi vuonna 1524 ensimmäisen evankelisen virsikirjan. Myös suomenkieliseen virsikirjaan otettiin jo vuonna 1692 Walterin säveltämä virsi, joka alkaa sanoilla "Sen suven suloisuutta".

Fredrik Viisaan kuoleman jälkeen Saksin vaaliruhtinaaksi tuli hänen veljensä Juhana, jota kutsutaan myös Juhana Horjumattomaksi. Myös Juhana tuki Lutherin kirkollisia uudistuksia, joten reformaatio saavutti hänen hallituskaudellaan 1525-1532 yhä vakaamman aseman. Juhanan jälkeen Saksin vaaliruhtinaaksi tuli Juhana Fredrik. Hän hallitsi vaaliruhtinaskuntaa vuoteen 1547 asti, jolloin evankeliset joukot hävisivät hänen johdollaan käydyn Mühlbergin taistelun. Juhana Fredrik edisti hallintokaudellaan reformaatiota yhtä vankkumattomasti kuin hänen isänsä Juhana ja setänsä Fredrik Viisas.

Martti Luther kuoli helmikuussa 1546. Hänen vaimonsa Katharina Luther, omaa sukua von Bora, pakeni Wittenbergistä lapsineen seuraavana vuonna puhjennutta Schmalkaldenin sotaa Magdeburgiin, mutta palasi sieltä takaisin entiseen kotitaloonsa Wittenbergiin. Katovuoden ja alueella riehuneen ruton vuoksi Katarina joutui kuitenkin marraskuussa 1552 lähtemään uudelleen pakosalle, nyt Torgauhun. Vähän ennen Torgaun kaupunginporttia Katharina Lutheria kuljettaneet vaunut suistuivat tieltä, jolloin Katharinan lantio murtui. Hän kuoli vammoihinsa kolme viikkoa myöhemmin.

Schloss Hartenfels Torgaun päänähtävyys on Hartenfelsin linna. Se on Saksan suurin jälkipolville täydellisenä säilynyt varhaisen renessanssikauden linna. Linnan sisäpihalla on lähes 20 metriä korkea Elben hiekkakivestä veistetty porrastorni, jota pääsee katsomaan, vaikka ei tutustuisi linnan sisätiloihin. Linnan sisälle vuonna 1544 valmistunut kappeli on ensimmäinen protestanttinen kirkkorakennus. Evankelisen opin mukaisesti saarnasta tuli keskeinen osa jumalanpalvelusta. Linnan kappelin saarnatuoli on siksi sijoitettu korkean kirkkosalin keskelle. Martti Luther osallistui kappelin suunnitteluun ja vihki sen pari vuotta ennen kuolemaansa.

Linnan entisessä vallihaudassa elelee nykyisin kolme karhua. Ensimmäinen karhu tuotiin ”linnaa vartioimaan” jo vuonna 1425. Karhujen elämää voi seurata linnan sisäpihalta kaupungin keskustaan johtavalta kävelysillalta tai vaihtoehtoisesti netin livekamerasta baerencam.tz-mediengruppe.com.

Linnan ja sen vieressä virtaavan Elben välisellä kapealla kaistaleella on toisen maailmansodan loppuvaiheesta kertova muistomerkki. Se on pystytetty paikalle, jossa neuvostoliittolaiset ja amerikkalaiset joukot kohtasivat toisensa huhtikuussa 1945.

Elbstraße 17

Stadtkirche St. Marien Mariankirkko eli kaupunkikirkko on 1300-luvulta, mutta samalla paikalla oli ensimmäinen kirkko jo parisataa vuotta aikaisemmin. Kirkon arvokkain taideteos on Lucas Cranach vanhemman maalaus *Die vierzehn Nothelfer* vuodelta 1505. Se esittää niitä neljäätoista pyhimystä, joilta keskiajalla oli tapana pyytää hätätilanteissa apua. Kirkossa on Katarina Lutherin viimeinen leposija ja hänen hautamuistomerkkinsä.

Wintergrüne 1

Katharina-Luther-Stube Martti Lutherin vaimo Katharina kuoli 20. joulukuuta 1552 talossa, jonka nykyinen osoite on Katharinenstraße 11. Tähän taloon sijoitetussa pienessä museossa kerrotaan Katharina von Boran lapsuudesta, kilvoittelusta Mariethronin sisterssiläisluostarin nunnana, elämästä Martti Lutherin rinnalla ja viimeisistä leskivuosista.

Katharinenstraße 11

Halle

Vain 23-vuotiaana vuonna 1513 Magdeburgin arkkipiispaksi nimitetty Albrecht von Brandenburg hankkiutui seuraavana vuonna myös Mainzin arkkipiispaksi ja asettui asumaan Saalejoen varrella sijaitsevaan Hallen kaupunkiin. Hallesta tuli siten eräs valtakunnan tärkeimmistä kaupungeista, sillä Albrecht von Brandenburg oli tästä lähtien myös yksi niistä seitsemästä vaaliruhtinaasta, jotka valitsivat Pyhän saksalais-roomalaisen keisarikunnan keisarin. Kirkollisten määräysten mukaan ketään ei olisi voitu valita kahden hiippakunnan arkkipiispaksi, mutta paavi suhtautui asiaan joustavasti ja myönsi poikkeusluvan. Se oli maksullinen, kuten piispanvirat yleensäkin, sillä paavin hallintokoneiston pyörittämiseen tarvittiin suunnattomasti rahaa. Albrecht von Brandenburg rahoitti hallintoalueensa laajentamisen lainalla. Kun paavi Leo X aloitti aneiden myynnin "Pietarinkirkon rakennushankkeen rahoittamiseksi", Albrecht sai tilaisuuden velkojensa hoitamiseen: paavi, hän ja lainan myöntänyt augsburgilainen pankkiiri Jakob Fugger sopivat, että puolet Magdeburgin ja Mainzin hiippakuntien alueilla saatavista aneiden myyntituloista maksettaisiin paaville, puolet käytettäisiin Albrechtin lainan takaisinmaksuun. Anekaupan edistäjäksi Albrecht von Brandenburg värväsi dominikaanisaarnaaja Johann Tetzelin – ja juuri hänen häikäilemätöntä toimintaansa Martti Luther asettui teeseillään vastustamaan. Näin Albrecht von Brandenburgista, joka oli monien muiden virkojensa ohella myös kardinaali, tuli Lutherin ankara vastustaja.

Martti Lutherin kirjoituksia luettiin Albrechtin vastustuksesta huolimatta suurella mielenkiinnolla myös Hallessa ja vähitellen kaupunki kääntyi reformaation kannalle. Epäsuosioon joutunut ja pahoin velkaantunut Albrecht joutui lopulta pakenemaan hallintokaupungistaan vuonna 1541. Ensimmäisen

Lutherin kuolinnaamio Marktkirche Unser Lieben Frauen -kirkossa.

evankelisen opin mukaisen saarnan Hallen *Marktkirche Unser Lieben Frauen* -kirkossa piti Lutherin läheinen ystävä, teologi ja reformaattori Justus Jonas.

Kun Luther matkusti tammikuussa 1546 sovittelemaan Mansfeldin kreivien kiistoja Eislebeniin, Jonas lähti mukaan avustaakseen Lutheria oikeudellisissa kysymyksissä. Justus Jonas oli myös läsnä Lutherin viimeisten hetkien aikana ja huolehti hänen ruumisarkkunsa kuljetuksesta Wittenbergiin.

Hallessa on nykyisin noin 240 000 asukasta. Kaupungissa on Saksi-Anhaltin suurin yliopisto, nykyiseltä nimeltään Martin-Luther-Universität Halle-Wittenberg. Hallen tunnetuimpia nähtävyyksiä ovat tuomiokirkko, säveltäjä Georg Friedrich Händelin kotimuseo, Saksi-Anhaltin esihistoriallinen museo ja laaja 1500-luvun lopulla perustettu hautausmaa. Hallessa on Saksan vanhin suklaatehdas ja sen yhteydessä museo sekä tehtaanmyymälä.

Marktkirche Unser Lieben Frauen Hallen Marktkirche-kirkon historia on erikoinen: se syntyi 1500-luvun alkupuolella, kun kaksi lähekkäin sijainnutta kirkkoa purettiin kirkontorneja lukuun ottamatta ja tornien väliin rakennettiin uusi runkohuone. Koska kummassakin vanhassa kirkossa oli kaksi keskenään saman näköistä tornia, nykyisessä kirkossa on nyt neljä tornia.

Martti Lutherin kuoltua hänen ruumisarkkuaan lähdettiin kuljettamaan Eislebenistä Wittenbergiin. Arkkua kuljettanut saattue pysähtyi 19.2.1546 Hallessa ja arkku tuotiin nähtäväksi Marktkirche-kirkkoon. Hallessa Lutherin kasvoista tehtiin ajan tavan mukaan kuolinnaamio; vahasta ja myöhemmin kipsistä tehdyt kuolinnaamiot sekä käsistä tehty valos ovat nähtävillä kirkon tornihuoneessa. Samassa huoneessa on myös kirkon entinen saarnatuoli, josta Luther perimätiedon mukaan saarnasi.

Kirkossa on huomionarvoinen alttarikaappi, jonka Albrecht von Brandenburg tilasi Lucas Cranach vanhemmalta. Alttarikaapin teki kuitenkin eräs Cranachin oppilaista. Kirkon torin puoleisella ulkoseinällä on isokokoinen Martti Lutheria esittävä reliefi.

Kaikkien aikojen tunnetuin hallelainen, säveltäjä Georg Friedrich Händel, syntyi vuonna 1685 vain parin sadan metrin päässä Marktkirche-kirkosta, jossa hänet myös kastettiin. Evankelisen kirkkomusiikin maineikkain säveltäjä Johann Sebastian Bach puolestaan oli läsnä kirkon isojen urkujen vihkiäisissä 1716 ja soitti niitä ensimmäisenä.

An der Marienkirche 2

Franckesche Stiftungen Teologi ja pedagogi August Hermann Francke (1663-1727) oli Hallen pietismiksi kutsutun

August Hermann Francke perusti 1700-luvun alussa orpokodin, kouluja, sairaalan ja kirjaston. Kuvassa on nyt toimintaa jatkavan Franckesche Stiftungen -säätiön päärakennus.

herätysliikkeen johtohahmo ja Hallen yliopiston professori. Jälkipolvet tuntevat Francken ennen kaikkea hänen perustamastaan orpokodista. Sen ympärille syntyi 1700-luvun alussa kokonainen kaupunginosa, joka käsitti kouluja, asuntoja, verstaita, sairaalan, kirjaston ja puutarhan. Enimmillään Francken perustamassa "koulukaupungissa" asui ja työskenteli kristillisessä hengessä jopa 2500 ihmistä. Toiminnan mahdollistivat Francken hankkimat lahjoitusvarat, myöhemmin myös Francken kirjoitusten sekä työpajojen ja muiden yksiköiden tuotot.

Franckesche Stiftungin päärakennuksen julkisivulle Francke määräsi kirjoitettavaksi sitaatin Jesajan kirjasta: *Die auf den Herrn harren kriegen neue Kraft, daß sie auffahren mit Flügeln wie Adler*, "Mutta kaikki, jotka Herraa odottavat, saavat uuden voiman, he kohoavat siivilleen kuin kotkat." Saksan valtiollisen yhdistymisen jälkeen Franckesche Stiftungenin rakennuskanta on korjattu perusteellisesti; August Hermann Francken valitsema tunnuslausekin loistaa jälleen kullattuna päärakennuksen sisäänkäynnin yläpuolella.

Franckeplatz 1

Volker Pohlenzin maalaus Auerbachs Keller -ravintolassa: Martti Luther keskustelemassa yliopiston rehtori Heinrich Stromerin kanssa.

Leipzig

Johannes Gutenberg keksi 1400-luvun puolivälissä irtokirjaimet, joiden avulla siihen asti käsin jäljennettyjä kirjoituksia voitiin monistaa nopeasti ja taloudellisesti. Kirjapainotaidolla oli ratkaiseva merkitys reformaation etenemiselle. Suurin osa Lutherin kirjoituksista painettiin reformaation alkuvuosina Leipzigissa.

Kesällä 1519 Leipzigissa järjestettiin katolisen teologi Johannes Eckin ja evankelisen opin edustajien välinen julkinen väittelytilaisuus, johon osallistuivat Wittenbergistä muun mu-

Thomaskirche, jonka kanttorina Johann Sebastian Bach toimi vuosina 1723–1750. Luther saarnasi täällä helluntaina 1539.

assa Andreas Bodensteinin eli Karlstadt ja Martti Luther. Tämä väittely johti kuitenkin vain erimielisyyksien kärjistymiseen: kirkon opin uudistajien ja vanhan kirkon kannattajien välirikko alkoi sen jälkeen näyttää väistämättömältä.

Leipzigissa käytyyn akateemiseen väittelyyn osallistui myös ruhtinaiden henkilääkäri, yliopiston rehtori Heinrich Stromer. Hän oli sittemmin kirjeenvaihdossa Martti Lutherin kanssa ja majoitti hänet kotiinsa, kun Luther vieraili Leipzigissa. Heinrich Stromer perusti 1530-luvulla *Auerbachs Keller* -nimisen ravintolan, joka toimii tänä päivänäkin samalla nimellä kaupungin keskustassa. Kuuluisaksi se tuli 1700-luvun lopulla, kun Leipzigissa opiskellut Johann Wolfgang Goethe sijoitti tohtori Faustista kertovan murhenäytelmänsä erään kohtauksen Auerbachin kellariravintolaan. Tämän ravintolan *Lutherstübchen*-viinituvassa on nähtävillä maalaus, joka esittää Martti Lutherin ja Heinrich Stromerin tapaamista 3. joulukuuta 1521. Luther oli silloin matkalla lainsuojattomana ja tapasi siksi ystävänsä Stromerin junkkeri Jörgin valepuvussa.

Martti Luther vieraili Leipzigissa yhteensä 17 kertaa. Viimeisellä käynnillään 12. elokuuta 1545 hän vihki *St. Paulikirchen*. Tämä alkujaan dominikaaneille kuulunut Pyhän Paavalin kirkko siirtyi luostarin lakkautuksen jälkeen yliopistolle. Toisessa maailmansodassa kirkko kärsi vain lieviä vahinkoja, mutta DDR:n viranomaiset räjäyttivät sen vuonna 1968 kaupunkilaisten vastustuksesta huolimatta. Pyhän Paavalin entisen kirkon paikalle valmistui syksyllä 2017 uusi maamerkki, Paulinum. Se on yhtä aikaa moderni kirkko, yliopiston aula ja konserttitila.

Saksin osavaltion suurimpana ja koko Saksan kymmenenneksi suurimpana kaupunkina Leipzig on monipuolinen matkakohde. Lutherin jalanjälkien seuraajien kannalta Leipzig sijaitsee erinomaisessa paikassa: sieltä on lyhyt matka kaikkiin keskeisiin reformaatiokaupunkeihin. Leipzig on Saksan rautateiden nopeiden Intercity-junien risteysasema. Matka Berliinistä Leipzigiin kestää ICE-junilla minimissään vain vähän toista tuntia, matka Hampurista Leipzigiin noin 3 tuntia.

Kaupunkioikeudet Leipzigille myönnettiin vuonna 1165 ja jo saman vuosisadan lopulla siellä järjestettiin ensimmäiset messut. Leipzig sai oman yliopiston jo vuonna 1409, joten se on yksi Saksan vanhimmista yliopistokaupungeista. Kolmikymmenvuotisen sodan aikana Leipzigin seudulla käytiin kaksi suurta taistelua, joihin osallistui Kustaa II Adolfin joukoissa suomalaisia ratsumiehiä eli hakkapeliittoja ja jalkaväkeä Savon rykmentistä: vuonna 1631 Breitenfeldissä ja seuraavana syksynä Lützenissä. Leipzigin lähellä käytiin myös eräs maailmanhistorian suurimmista taisteluista, kun Venäjän, Preussin, Itävallan ja Ruotsin joukot ottivat yhteen Napoleonin joukkojen kanssa lokakuussa 1813. Tähän Napoleonin tappioon päättyneeseen taisteluun osallistui jopa 600 000 sotilasta. Sata vuotta "kansojen taistelun" jälkeen Leipzigiin pystytetty Völkerschlachtsdenkmal on Euroopan suurin muistomerkki.

Nikolaikirche Leipzigin tilavin kirkko, Nikolaikirche, on samalla kaupungin vanhin kirkko. Reformaation katsotaan alkaneen Leipzigissa toukokuussa 1539, jolloin sekä Justus Jonas että Martti Luther saarnasivat Nikolaikirche-kirkossa. Neljä ja puoli vuosisataa myöhemmin, syksyllä 1989, tästä kirkosta tuli eräs DDR:n verettömän vallankumouksen keskeinen tapahtumapaikka, kun siellä säännöllisesti järjestetyt rukoushetket muuttuivat rauhanomaisiksi mielenosoituksiksi. Nikolaikirchen tilaisuuksiin osallistui vähitellen yhä enemmän kansalaisia, jotka vaativat demokratiaa, vapaita vaaleja, matkustusvapautta ja Saksan yhdistymistä. Sen muistona kirkossa on nähtävillä DDR:n rauhanliikkeen 1980-luvun tunnus, "Miekat auroiksi" -lippu.

Nikolaikirchhof 3

Thomaskirche Leipzigin toinen laajalti tunnettu kirkko on Thomaskirche. Sille perustettiin vuonna 1212 oma kuoro, *Thomanerchor* eli Tuomaskuoro, joka esiintyy kotikirkossaan edelleen jopa kolme kertaa viikossa – ellei satu juuri olemaan konserttikiertueella. Thomaskirchen maailmanmaine perustuu kuuluisan poikakuoron lisäksi säveltäjä Johann Sebastian Bachiin, josta tuli kirkon kanttori vuonna 1723. Bach huolehti tästä alkaen Leipzigin neljän pääkirkon musiikista; tätä tehtävää hän hoiti koko loppuikänsä, vuoteen 1750 asti. Bach haudattiin Leipzigin *Johannisfriedhof*-hautausmaalle, mutta myöhemmin hänen jäännöksensä sijoitettiin sen vieressä sijaitsevan kirkon kryptaan. Tämä kirkko tuhoutui toisessa maailmansodassa, minkä jälkeen Bachin kivinen arkku siirrettiin nykyiselle paikalleen Thomaskirchen kuoriin. Thomaskirchen etelänpuoleisten ikkunoiden lasimaalauksiin on ikuistettu muun muassa Martti Luther, Kustaa II Aadolf ja Johann Sebastian Bach.

Thomaskirchhof 18

Lucas Cranach vanhempi aloitti St. Peter und Paul -kirkon kolmiosaisen alttaritaulun maalaamisen muutamia kuukausia ennen kuolemaansa. Teoksen viimeisteli hänen poikansa Lucas Cranach nuorempi.

Weimar

Weimar sijaitsee Erfurtin ja Jenan puolivälissä. Pienehköstä koostaan huolimatta – Weimarissa on noin 65 000 asukasta, se on erittäin suosittu matkakohde. Tämä johtuu kaupungin ainutlaatuisesta historiasta ja sen rakennuskannasta: Unescon maailmanperintöluettelossa on peräti 13 Weimarin klassista kautta edustavaa rakennusta ja kolme Bauhaus-arkkitehtuurikohdetta. Kun Euroopan unioni alkoi vuonna 1999 nimetä Euroopan kulttuuripääkaupunkeja, se soi tämän kunnian ensimmäisenä Weimarille.

Kaupungin alueella, noin 10 kilometriä keskustasta luoteeseen, oli Buchenwaldin keskitysleiri. Nyt sen paikalla on informaatio- ja dokumenttikeskus ja tärkeälle itä-länsi-suuntaiselle moottoritielle asti näkyvä suuri muistomerkki. Saksankielisen kulttuurin keskukseksi Weimar kohosi 1700- ja 1800-lukujen vaihteessa erityisesti Johann Wolfgang von Goethen ja Friedrich Schillerin ansiosta. Saksan politiikan keskiössä Weimar oli vuosina 1919–1933, kun maan tärkein valtiollinen toimielin, kansalliskokous, kokoontui täällä. Näitä kansallissosialistien valtaannousua edeltäneitä vuosia kutsutaan Weimarin tasavallan kaudeksi.

Weimar ei ole vain uuden ajan kulttuurihistoriallisten nähtävyyksien kaupunki. Vaaliruhtinas Fredrik Viisas teki Weimarista toisen hallintokaupunkinsa jo vuonna 1512, muutamia vuosia sen jälkeen, kun hän oli kohottanut Wittenbergin vastaavaan asemaan. Martti Luther kävi Weimarissa jo nuorena munkkina ja yöpyi tällöin kaupungin fransiskaaniluostarissa. Vuonna 1518 ja siitä lähtien Luther vieraili Weimarissa monta kertaa, useimmiten pidemmälle suuntautuneiden matkojen yhteydessä.

Reformaatiohistorian tärkeimpiin tapahtumiin kuuluu Lutherin vierailu Weimarissa lokakuussa 1522. Hän saarnasi täällä silloin kaksi kertaa maallisesta ja hengellisestä hallinnosta eli regimentistä. Näissä saarnoissa Luther käsitteli erityisesti sitä, miten pitkälle ihmisten tulee olla alamaisia esivallalle; saarnat julkaistiin seuraavana vuonna kirjasena *Von weltlicher Obrigkeit* eli ”Maallisesta esivallasta”.

Viimeisellä Weimarin matkallaan vuonna 1540 Luther kävi tapaamassa Philipp Melanchtonia, joka oli joutunut jäämään tänne sairastuttuaan vakavasti neuvottelumatkallaan. Luther rukoili kuoleman kielissä kamppailleen työtoverinsa puolesta – ja kun Melanchton virkosi, Luther vertasi tapahtunutta Lasaruksen henkiin heräämiseen. Tältä matkalta Luther myös kirjoitti rakkaalle puolisolleen Katharinalle eli Käthelle kirjeen, johon sisältyy myöhemmin usein lainattu lause *Ich fresse wie ein Böhme und saufe wie ein Deutscher, das sei Gott gedankt.* - "Ahmin ruokaa kuin böömiläinen ja ryyppään kuin saksalainen, siitä kiitos Jumalalle".

Vuonna 1883, kun Martti Lutherin syntymästä oli kulunut 400 vuotta, hänen koko kirjallinen tuotantonsa ja muiden henkilöiden muistiinpanot Lutherin pitämistä "pöytäpuheista" päätettiin koota yhdeksi teokseksi. Tämä 80 000 sivua käsittävä saksan- ja latinankielinen kirjoituskokoelma valmistui vuonna 2009, kun projektin aloittamisesta oli kulunut 127 vuotta; teoskokonaisuus tunnetaan nimellä *Weimarer Ausgabe*, "Weimarin julkaisu".

Stadtkirche St. Peter und Paul -kirkko Weimarin Pietarille ja Paavalille pyhitetyn kaupunkikirkon kirkkoherraksi valittiin 1776 Johann Gottfried Herder. Filosofiaa ja teologiaa opiskellut Herder oli isänmaanystävä ja tuottelias kirjailija. Pian hänestä tuli myös yksi Weimarin kultakauden johtohahmoista, mikä ilmenee siitäkin, että Stadtkirche St. Peter und Paul -kirkosta käytetään usein rinnakkaisnimeä *Herderkirche.*

Kirkon kolmiosaista, Lucas Cranach nuoremman maalaamaa alttaritaulua on kutsuttu "luterilaisen teologian pikakurssiksi". Se valmistui entisen Saksin vaaliruhtinaan, herttua Juhana Fredrikin kuolemaa seuranneena vuonna 1555. Alttaritaulun keskellä on Jeesuksen risti, sen juurella seisovat Johannes Kastaja, Martti Luther ja Lucas Cranach vanhempi, joka edustaa tässä kaikkia uskovaisia. Alttaritaulu on myös Juhana Fredrikin ja hänen puolisonsa hautamuistomerkki; heidät nähdään kolmiosaisen maalauksen vasemmanpuoleisessa ja heidän kolme poikaansa sen oikeanpuoleisessa osassa. Kirkossa on myös pari vuosikymmentä myöhemmin valmistunut pienempi triptyykki, joka esittää Martti Lutheria augustinolaisveljestön munkkina, maisterina ja junkkeri Jörginä.

Lutherin ystävä, Fredrik Viisaan hovimaalari ja monialayrittäjä Lucas Cranach vanhempi, joka vaikutti ratkaisevasti reformaation nopeaan leviämiseen, lähti vuonna 1547 käydyn Mühlbergin taistelun jälkeen Wittenbergistä. Asuttuaan kolme vuotta Augsburgissa hän muutti tyttärensä ja vävynsä omistamaan taloon Weimarin torin varrelle. Korkeasta iästään huolimatta – Cranach oli tuolloin jo yli 80-vuotias – hän perusti tänne ateljeen, jossa hän aloitti todennäköisesti myös edellä kuvatun alttaritriptyykin maalaamisen; tämän teoksen varsinaisena tekijänä pidetään kuitenkin hänen poikaansa. Lucas Cranach vanhempi kuoli 1553 ja hänet haudattiin Weimarin Jakobsfriedhof-hautausmaalle.

Herderplatz 8

Herzogin Anna Amalia Bibliothek Unescon maailmanperintökohteisiin kuuluva Herttuatar Anna Amalian kirjasto tunnetaan tällä nimellä vuodesta 1991, jolloin vietettiin sen 300-vuotisjuhlaa. Kirjaston synty liittyi Saksi-Weimarin herttuoiden pyrkimykseen rakentaa Weimarista kulttuurielämän keskus. Erityisen tarmokkaasti kirjastoa kehitti 1700-luvun jälkipuolella Weimaria hallinnut nuori herttuatar Anna Amalia; hänen hallintokaudellaan kirjasto pääsi muuttamaan niin sanottuun Vihreään linnaan, jossa se edelleen toimii. Tämän rakennuksen kolmikerroksinen ovaalinmuotoinen rokokoosali on yksi Euroopan kauneimmista kirjastotiloista.

Iltayöllä 2.9.2004 Anna Amalian kirjastossa syttyi tulipalo, jossa tuhoutui 50 000 ja vahingoittui yli 60 000 ainutlaatuisen arvokasta nidettä. Sadat palokuntalaiset ja apuun rientäneet weimarilaiset onnistuivat kuitenkin estämään täydellisen katastrofin. Pelastustöihin osallistunut kirjastonjohtaja lähti yhden palomiehen kanssa viime hetkellä, kun koko rakennuksen pelättiin jo romahtavan, vielä etsimään taskulampun valossa kirjaston suurinta aarretta, Lutherin raamattua. Uskalias yritys onnistui ja niin jälkipolville säästyi wittenbergiläisen kirjanpainaja Hans Lufftin vuonna 1534 kahtena niteenä julkaisema Lutherin raamattu. Tästä ensipainoksesta on säilynyt kirjastoissa eri puolilla maailmaa noin 50 kappaletta, mutta Anna Amalian kirjaston niteet ovat Cranachin työpajassa tehtyjen, hehkuvin värein koristeltujen puuleikkausten vuoksi poikkeuksellisen arvokkaita. Samalla kun kirjastonjohtaja sieppasi rokokoosalin toisesta kerroksesta mukaansa Lutherin raamatun, hän pelasti kaksi muuta arvokasta kirjaharvinaisuutta: Lutherin Wartburgin linnassa kääntämät ja syksyllä 1522 ilmestyneet Uuden testamentin alkuperäispainokset, jotka tunnetaan nimillä *Septembertestament* ja *Dezembertestament*.

Anna Amalian kirjasto on kunnostettu vuoden 2004 tulipalon jälkeen perusteellisesti. Se on ensisijaisesti tutkijoiden käyttöön tarkoitettu tieteellinen kirjasto, mutta matkailijatkin voivat tutustua sen renessanssisaliin. Myös kirjaston rokokoosali on rajoitetusti avoinna vierailijoille, lisätietoja: info@klassik-stiftung.de.

Platz der Demokratie 1

Jena

Thüringenin osavaltion suurimmat kaupungit sijaitsevat nauhamaisena, lähes suoraan lännestä itään suuntautuvana jonona. Tätä kuuden kaupungin ryhmää kutsutaan sen takia usein Thüringenin kaupunkiketjuksi. Noin 110 000 asukkaan Jena on näistä kaupungeista osavaltion pääkaupungin Erfurtin jälkeen toiseksi suurin. Jena on asiakirjojen mukaan ollut kaupunkimainen yhteisö jo vuonna 1236, mutta tällä alueella oli itäfrankkilais-saksalaisten keisarien väliaikainen hallintopaikka jo 300 vuotta aikaisemmin.

Jena sijaitsee Elben sivujoen, Saalen, varrella. Keskiajalla se oli Wittenbergistä etelän suuntaan matkustettaessa luonteva yöpymiskohde. Martti Lutherkin kävi Jenassa vähintään 11 kertaa. Erikoisin näistä vierailuista on dokumentoitu luotettavasti ja ajoitettu täsmällisesti: lähdettyään 1.3.1522 Wartburgin linnasta kohti Wittenbergiä Luther saapui kolme päivää myöhemmin Jenaan ja yöpyi täällä *Bären*-majatalossa, jonka nimi esiintyy myöhemmin muodossa *Zum Schwarzen Bären*. Koska Luther oli julistettu edellisenä keväänä Wormsin valtiopäivillä lainsuojattomaksi, hänen oli oman turvallisuutensa takia pysyteltävä tuntemattomana. Se onnistui hyvin, sillä hän oli Wartburgin linnassa asuessaan antanut tukkansa ja partansa kasvaa. Lisäksi hän oli varmuuden vuoksi pukeutunut ritariksi ja kantoi sen merkkinä mukanaan miekkaa. Karhun mukaan nimettyyn *Bären*-majataloon majoittui samana iltana myös sveitsiläinen opiskelija Johann Keßler matkatoverinsa Wolfgang Sprenglerin kanssa, ja hekin olivat matkalla Wittenbergiin. Ilmeisesti tästä syystä Luther ryhtyi keskusteluun heidän kanssaan ja tarjosi heille ateriankin. Vaikka Luther tuskin peitteli asiantuntemustaan reformaatioon liittyvissä kysymyksissä, Keßler ja Sprengler eivät tunnistaneet häntä; he otaksuivat ta-

Jenan yliopisto sai Lutherin hautamuistomerkin lahjoituksena vuonna 1571. Se sijoitettiin väliaikaisesti St. Michael -kirkkoon ja on siellä edelleen.

vanneensa kuuluisan humanistin Ulrich von Huttenin. Asian oikea laita selvisi heille vasta, kun he tapasivat Lutherin uudestaan Wittenbergissä.

Jenassa on tänäkin päivänä *Hotel Schwarzer Bär* ja sen pääoven vieressä Lutherin vuoden 1522 vierailusta kertova muistolaatta, mutta se rakennus, jossa Luther, Keßler ja Sprengler istuivat iltaa, on kadonnut jo kauan sitten. Hotellin aulassa on kuitenkin Lutherin, Keßlerin ja Sprenglerin tapaamista esittävä iso maalaus, jonka tekijä on Otto Schwerdgeburth, Möhrasta kertovassa kappaleessa mainitun Carl August Schwerdgeburthin poika.

Wittenbergiin Luther palasi vaaliruhtinas Fredrik Viisaan neuvosta piittaamatta, koska hän halusi palauttaa kaupunkiin järjestyksen, jonka Andreas Bodensteinin eli Andreas Karlstadtin toteuttamat radikaalit uudistukset olivat syösseet raiteiltaan. Lutherin käynti Wittenbergissä rauhoitti tilanteen ja Karlstadt siirtyi Jenan eteläpuolella sijaitsevaan Orlamündeen. Pari vuotta myöhemmin Luther matkusti Orlamündeen, jossa Karlstadt oli pyrkinyt tekemään samantapaisia uudistuksia kuin aikaisemmin Wittenbergissä: hän ei hyväksynyt lasten kastamista ja oli poistattanut kirkoista sekä urut että pyhimysten kuvat. Luther piti Karlstadtia hurmahenkisenä ja pian tämän vierailun jälkeen Karlstadt joutuikin poistumaan Saksin vaaliruhtinaskunnan alueelta.

Protestantit hävisivät Lutherin kuoleman jälkeen syttyneessä Schmalkaldenin sodassa keväällä 1547 Mühlbergin taistelun. Sen seurauksena vaaliruhtinas Juhana Fredrik vangittiin ja häntä uhkasi kuolemantuomio. Sitä ei kuitenkaan toteutettu, koska Juhana Fredrik suostui luopumaan suurimmasta osasta hallintoaluettaan ja asemastaan Saksin vaaliruhtinaana; hänen uudeksi tittelikseen tuli herttua ja myöhemmin, voimasuhteiden taas muututtua, ”syntyperäinen vaaliruhtinas”. Vaikka Juhana Fredrik eli vuoteen 1552 asti vankeudessa, hän perusti Jenaan oppilaitoksen, josta tuli 1558 Jenan yliopisto ja pian myös luterilaisen teologian keskeinen opinahjo Wittenbergin yliopiston tilalle. Myös Wittenbergin yliopiston kirjasto, jossa säilytetään muun muassa Lutherin tekemillä huomautuksilla täydennettyjä Uutta ja Vanhaa testamenttia, päätyi Weimarin kautta Jenaan.

Reformaattori Georg Rörer oli julkaissut jo Wittenbergissä Lutherin koottujen teosten ensimmäisen niteen. Kun herttua Juhana Fredrik oli vapautunut vankeudesta, hän kutsui Rörerin 1553 jatkamaan työtään Jenassa, missä hän ehti ennen kuolemaansa työstää neljä ensimmäistä nidettä Jenan mukaan nimetyistä Lutherin kootuista teoksista.

Jenan torilla paljastettiin 1858 yliopiston 300-vuotisjuhlien yhteydessä vaaliruhtinas Juhana Fredrikiä eli "Hanfriediä" esittävä muistopatsas, sillä häntä pidetään yliopiston tosiasiallisena perustajana. Yliopisto on kuitenkin viralliselta nimeltään Friedrich-Schiller-Universität Jena. Näytelmäkirjailija, runoilija Friedrich Schillerin mukaan yliopisto nimettiin 1934, jolloin hänen syntymästään oli kulunut 175 vuotta. Friedrich Schiller lisättiin nimeen sillä perusteella, että hän vaikutti Jenassa kymmenkunta vuotta ja toimi vuodesta 1789 alkaen muutamia vuosia myös yliopiston filosofian professorina. Jenan matkailunähtävyyksiin kuuluu myös Schillerin puutarhatalo, *Schillers Gartenhaus*.

Jenan myöhempään historiaan liittyvä kuuluisa nähtävyys on vuonna 1926 valmistunut Zeiss-planetaario. Se on saanut nimensä hienomekaanikko Carl Zeißilta, joka perusti Jenaan 1846 "mekaanisen ateljeen" ja alkoi valmistaa siellä mikroskooppeja sekä muita optisia laitteita.

Kaupungin näkyvin maamerkki on Jentower-tornitalo. Se rakennettiin 1972 Carl Zeiss -yrityksen tutkimuslaitokseksi, mutta oli pitkään Jenan yliopiston käytössä. Nykyisin Jentowerissa on liiketiloja, toimistoja, hotelli, ravintola – ja tornin huipulla, yli 140 metrin korkeudella, näköalatasanne. Tornissa kävijät yllättyvät Jenan korkeuseroista ja maisemista: kaupungin keskustan tuntumassa on monia korkeita vuoria ja laajoja metsiä.

Stadtkirche St. Michael Jenan suojelijalle, arkkienkeli Mikaelille omistettu kaupungin pääkirkko on eräs Thüringenin suurimmista kirkkorakennuksista. Sitä alettiin rakentaa 1380, mutta kirkko valmistui vasta 1500-luvun alussa. Sen arkkitehtoninen erikoisuus on alttarin alle rakennettu holvattu käytävä, joka oli alun perin ainoa sisäänkäynti kirkon takana sijainneeseen sisterssiläisluostariin.

. Tämä käytävä on yksi "Jenan seitsemästä ihmeestä". Näistä ihmeistä ei saanut kertoa julkisuudessa, mutta jokainen, joka pystyi kuvailemaan näiden ihmeiden yksityiskohdat, pystyi sillä todistamaan käyneensä Jenassa.

Martti Luther saarnasi St. Michael -kirkossa yhä käytössä olevasta kivisestä saarnatuolista kaksi kertaa, elokuussa 1524 ja lokakuussa 1529. Tätäkin kuuluisampi muisto Lutherista on Juhana Fredrikin toimeksiannosta valettu alkuperäinen Lutherin hautamuistomerkki eli epitafi. Sitä ei toimitettu Wittenbergin Linnankirkkoon, vaikka Juhana Fredrik oli niin määrännyt, sillä hänen poikansa eivät totelleet tuolloin jo vankeudessa olevan isänsä käskyä. Pojat eivät nimittäin halunneet antaa hautamuistomerkkiä petturina pitämälleen Moritz-sedälle, jonka alueeseen Wittenberg Schmalkaldenin sodan jälkeen kuului. Siksi alkuperäinen hautamuistomerkki jäi ensin Juhana Fredrikin ja hänen poikiensa uuteen hallintokaupunkiin Weimariin, kunnes yksi pojista lahjoitti sen vuonna 1571 Jenan yliopistolle. Koska yliopiston oma kirkko, Kollegienkirche, ei ollut tuolloin kirkollisessa käytössä, hautamuistomerkki sijoitettiin väliaikaisesti St. Michael -kirkkoon – ja siellä se on yhä. Muistomerkistä valettiin kuitenkin kopio Wittenbergin Linnankirkkoa varten 1800-luvun lopulla.

Kirchplatz 1

”Möhran kyläläiset kuuntelemassa Lutherin saarnaa 4.5.1521.” Reformaation 500-vuotisjuhlien edellä joukko kylän asukkaita herätti vanhan kuparipiirroksen uudelleen henkiin; tilanteesta otettu valokuva nähdään nyt kylän keskusaukiolla.

Möhra

Lutherin suku on kotoisin Möhran kylästä, joka sijaitsee Thüringenin metsän alueella, Eisenachin eteläpuolella. Martti Lutherin isä Hans oli vanhin perheen neljästä pojasta. Vaikka kotitalo oli suhteellisen varakas, Hans Luder – kuten suvun nimi tuolloin useimmiten kirjoitettiin – ei kuitenkaan jäänyt Möhraan, sillä 1400-luvun lopulla Thüringenissä voimassa olleen lain mukaan talon peri perheen nuorin poika. Niinpä Hans ja hänen vaimonsa Margaretha muuttivat kesällä 1483 ensin Eislebeniin, jossa Martti Luther syntyi 10. marraskuuta, ja sieltä jo seuraavana vuonna edelleen Mansfeldiin.

Todennäköisesti Martti Luther vieraili sukulaistensa luona Möhrassa niinä vuosina, jolloin hän kävi koulua Eisenachissa. Näistä vierailuista ei ole kuitenkaan säilynyt tietoja asiakirjoissa. Varmuudella tiedetään kuitenkin, että Luther vieraili Möhrassa paluumatkalla Wormsin valtiopäiviltä, 3.-4.5.1521, juuri ennen kuin Fredrik Viisaan miehet ottivat hänet kiinni ja kuljettivat turvaan Wartburgin linnaan. Luther tapasi tämän käyntinsä aikana Möhrassa sukulaisiaan ja kerrotaan, että hän piti myös saarnan kylän keskusaukiolla olleen lehmuksen alla. Aukiolle, jonka nimi on nykyisin Lutherplatz, pystytettiin 1800-luvulla Lutherille muistopatsas. Toisen maailmansodan aikana tämä patsas oli vähällä joutua sulatetuksi: koska arvokkaista metalleista oli huutava pula, natsiviranomaiset määräsivät 1942 jopa monet kirkonkellot ja patsaat sulatettaviksi. Möhrassa patsaan pakkoluovutus onnistuttiin kuitenkin välttämään viivyttämällä määräyksen toimeenpanoa.

Lutherin suvulle kuulunut talo tuhoutui todennäköisesti tulipalossa. Sen paikalle 1600-luvun alussa pystytetty Fachwerk-talo on Lutherin muistopatsaan länsipuolella. Aukion etelälaidalla, erään talon seinustalla on ison julisteen kokoinen värivalokuva Möhran kylän asukkaista kuuntelemassa Lutherin saarnaa 4.5.1521. Se on muunnelma taiteilija Carl August Schwerdgeburthin vuodelta 1847 peräisin olevasta kuparipiirroksesta, joka herätettiin uudelleen henkiin reformaation 500-vuotisjuhlien edellä. Yli 50 lasta ja aikuista pukeutui kuvan ottamista varten keskiaikaisiin asuihin ja poseerasi kylän keskusaukiolla Schwerdgeburthin vanhan piirroksen mukaan ryhmittyneenä.

Aukion laidalla kohoava kirkko on avoinna päivittäin, aamuvarhaisesta pimeän tuloon asti. Kirkon kuorissa on kolme lasimaalauksin koristeltua ikkunaa, yksi niistä esittää Martti Lutheria ja Philipp Melanchtonia.

Glasbachgrundista, jossa Martti Luther "kidnapattiin", johtaa eräs *Lutherweg*-retkeilyreitin osuus Wartburgin linnaan ja edelleen Eisenachiin. Möhra on tämän 34 kilometriä pitkän taipaleen puolivälissä. Maanteitse Möhraan on Eisenachista noin 20 kilometriä ja Thüringenin metsän eteläpuolella sijaitsevasta Bad Salzungenin kylpyläkaupungista noin 10 kilometriä.

Luther asui Schmalkaldenin liittokokouksen aikana 1537 hallintovirkamies Balthasar Wilhelmin talon kolmannessa kerroksessa. Hänen silloisen asuinpaikkansa merkkinä talon julkisivulla on Lutherin suvun tunnus, joutsen.

Schmalkalden

Schmalkalden on vain vajaan 20 000 asukkaan pikkukaupunki Thüringenin metsän lounaispuolella. Monet suomalaiset muistavat sen koulun historian tai kirkkohistorian tunneilta: protestanttiset ruhtinaskunnat ja kaupungit solmivat täällä vuonna 1530 liiton puolustautuakseen tarvittaessa keisari Kaarle V:n johtamia katolisia vastaan. Schmalkaldenin liiton perustamisen jälkeen täällä järjestettiin seitsemän kertaa tämän liittouman tärkein kokous.

Vuonna 1536 paavi Paavali III kutsui koolle kirkolliskokouksen, joka oli tarkoitus järjestää seuraavan vuoden keväällä Mantovassa, Pohjois-Italiassa. Tämän kokouksen valmistelemiseksi Saksin vaaliruhtinas Juhana Fredrik pyysi Lutheria kirjoittamaan yhteenvedon, joka sisältäisi kaikki evankelisen uskon opinkohdat. Luther laati pyydetyn selonteon, ja sitä alettiin kutsua Schmalkaldenin opinkohdiksi tai artikloiksi liittouman kokouskaupungin mukaan. Seuraava, helmikuussa 1537 alkanut liittokokous oli poikkeuksellisen loistokas, sillä siihen osallistui peräti kuusitoista ruhtinasta, kuusi kreiviä ja suuri joukko hansakaupunkien ja muiden kaupunkien edustajia. Myös keisarin ja paavin sekä Ranskan ja Tanskan kuninkaan lähettiläät olivat paikalla. Schmalkaldeniin kokoontui myös 40 johtavaa teologia, jotka hyväksyivät Lutherin laatimat artiklat ja vahvistivat ne allekirjoituksillaan; vuonna 1580 ne otettiin mukaan luterilaisen kirkon tunnustuskirjoihin. Maallisen vallan edustajat suhtautuivat näihin opinkappaleisiin kuitenkin varauksellisesti, eikä paavin koolle kutsuma Mantovan kirkolliskokouskaan toteutunut.

Martti Luther oli matkustanut Schmalkaldenin kokoukseen yhdessä Philipp Melanchtonin ja Johannes Bugenhagenin kanssa. Luther ei kuitenkaan voinut osallistua neuvotteluihin kuin aivan kokouksen alussa, sillä hän sairastui Schlamaldenissa virtsakivitautiin. Ruhtinaitten henkilääkäreiden hoidosta huolimatta tauti paheni nopeasti. Luther pelkäsi jo kuolevansa ja lähti lääkäreiden neuvoista piittaamatta paluumatkalle Wittenbergiin. Seuraavana päivänä, kun matka oli edennyt parinkymmenen kilometrin päässä sijaitsevaan Tambachiin, Luther pääsi yllättäen vaivoistaan. Tambachissa (nykyisessä Tambach-Dietharzissa) on myöhemmin Lutherin mukaan nimetty lähde, jonka veden väitetään tuoneen pelastuksen. Toisen selityksen mukaan virtsateihin juuttunut kivi lähti liikkeelle tärinän vuoksi; Thüringenin metsän halki johtavat tiet olivat huonokuntoisia, eikä kyyditykseen käytetyissä vaunuissa ollut tuohon aikaan minkäänlaista jousitusta.

Puolustusliiton ja artiklojen lisäksi Schmalkalden muistetaan samannimisestä sodasta. Schmalkaldenin sota, jota pidetään ensimmäisenä uskonsotana Euroopassa, alkoi muutama kuukausi Lutherin kuoleman jälkeen kesällä 1546. Keisari Kaarle V:n joukot löivät protestantit Mühlbergin taistelussa seuraavana vuonna, mutta lopullisesti Schmalkaldenin sota päättyi vasta 1555 Augsburgissa solmittuun rauhaan.

Luther asui Schmalkaldenissa helmikuussa 1537 hallintovirkamies Balthasar Wilhelmin komeassa ristikkorakenteisessa talossa, joka tunnetaan nykyisin nimellä Lutherhaus. Talon kolmannen kerroksen päätyä koristaa reliefi, jonka aiheena on joutsen, Lutherin suvun tunnus. Lutherin käytössä ollut tilava asunto on varustettu nykyajan mukavuuksilla ja osa sen sisustuksesta on restauroitu alkuperäisen kaltaiseksi. Paikallinen hotelli vuokraa tätä Lutherin autenttista majapaikkaa turisteille.

Lutherin mukaan on nimetty myös kaupungin pääkirkon, St. Georg -kirkon, sakastin yläpuolella oleva tila. Lutherin kerrotaan lämmitelleen täällä aamujumalapalvelusten aikana.

St. Georg -kirkon vieressä on Schmalkaldenin raatihuone, johon kuuluu kolme vierekkäin rakennettua eri-ikäistä rakennusta. Raatihuoneen pääoven päällä on leijonaa ja kanaa esittävä koriste. Se on jaetun hallinnon vertauskuva: Hessenin maakreivit ja Hennebergin kreivit hallitsivat 1360-1583 Schmalkaldenia yhdessä. Vuodesta 1583 lähtien Schmalkalden kuului Hesseniin, jonka tunnuksena raatihuoneessa on myös leijonaveistos. Thüringeniin Schmalkalden on kuulunut vasta vuodesta 1946 lähtien.

Hessenin maakreivit rakennuttivat kaupungin laidalla sijaitsevalle kukkulalle 1500-luvun lopulla Wilhelmsburgin linnan toiseksi hallintopaikakseen. Linnan pysyvä näyttely kertoo Schmalkaldenin liitosta.

Schmalkaldenin Lutherin asunnosta avautuva näkymä ei ole juuri muuttunut 1500-luvun jälkeen.

Reformaatioon liittyvien kohteiden lisäksi Schmalkalden tunnetaan kaupungin monista *Fachwerk*-taloista: useimmat keskustan talot on rakennettu tätä perinteistä tekniikkaa käyttäen. Matkailijatkin voivat käydä Weidebrunner Gasse -kadun varrella sijaitsevassa ristikkorakenteisessa talossa: täällä sijaitseva *Fachwerkerlebnishaus* on osaksi taiteilijoiden työtilana ja osaksi museokäytössä. Schmalkalden tunnetaan nykyisin myös nougat-kaupunkina: "Viba Nougat-Welt" -elämyskeskuksessa on tehtaanmyymälän lisäksi näyttely, jossa kerrotaan nougatmassan valmistuksesta, käytöstä ja historiasta.

Coburg

Martti Luther oli tuomittu Wormsin valtiopäivillä vuonna 1521 valtakunnankiroukseen eli lainsuojattomaksi. Evankeliset ruhtinaiden ja kaupunkien edustajat yrittivät kumota Lutherin tuomion Spyerin valtiopäivillä 1529. Kun se ei onnistunut, he esittivät vastalauseensa – ensin suullisesti ja seuraavana päivänä kirjallisena protestina. Keisari Kaarle V:n sijaisena valtiopäiviä johtanut arkkiherttua Fernidand ei kuunnellut vastaväitteitä, eikä huolinut kirjoitettuakaan protestia. Lutherille langetettu tuomio jäi siten Spyerissa voimaan, mutta uuden opin kannattajien laatimaa protestikirjelmää ryhdyttiin levittämään painettuna; tästä alkaen Lutherin kannattajia alettiin kutsua protestanteiksi. Katolisten ja evankelisten välistä kiistaa yritettiin seuraavan kerran ratkoa Augsburgin valtiopäivillä, joiden oli määrä alkaa huhtikuussa 1530.

Saksin valtuuskunta matkusti Augsburgiin alueensa eteläisimmän tukikohdan, Coburgin linnan, kautta. Huhtikuun puolivälissä linnan vieressä sijaitsevaan Coburgin kaupunkiin saapui sotilaiden saattamana suuri aatelisseurue, jonka kärjessä ratsasti seitsemän ritaria. Sen mukana matkusti kolme reformaattoria: Martti Luther, Philipp Melanchton ja Justus Jonas. Seurue majoittui aluksi kaupunkiin. Täällä Luther saarnasi pääsiäisviikolla seitsemän kertaa St. Moritz -kirkossa, joka on saanut nimensä kaupungin suojeluspyhimykseltä, pyhältä Mauritiukselta.

Koska Lutherin olisi ollut vaarallista poistua Saksin vaaliruhtinaan hallitsemalta alueelta, hän jäi Coburgiin. Yhdeksän vuotta aikaisemmin Luther oli oman turvallisuutensa takia piilossa Wartburgin linnassa, nyt hänet majoitettiin samantapaisiin oloihin Coburgin linnaan. Täälläkin Luther pyrki pysyttelemään tuntemattomana ja kasvatti taas parran sekä vältti

mainitsemasta olinpaikkaansa kirjeissään. Nyt Lutherilla oli kuitenkin seuranaan hänen luotettava ystävänsä teologi Veit Dietrich, joka oli avustanut Lutheria muun muassa hänen postillansa eli saarnakokoelmansa julkaisemisessa, ja sisarenpoika Cyriakus Kaufmann. Luther kärsi linnassa monenlaisista vaivoista. Hänellä oli päänsärkyä, kurkkutulehduksia ja hammassärkyä. Myös paholainen piinasi häntä: toukokuussa 1530 Justus Jonakselle lähettämässään kirjeessä Luther kertoo, kuinka itse saatana oli jahdannut hänet ulos kamarista ihmisten seuraan. Lutherin ahdistusta lisäsi Coburgiin saapunut suruviesti hänen isänsä kuolemasta.

Turvallisuussyistä Luther ei voinut osallistua Augsburgin valtiopäiville vuonna 1530. Siksi hän asui niiden aikana Saksin vaaliruhtinaan eteläisimmässä tukikohdassa, Coburgin linnassa.

Luther viipyi Coburgissa lokakuun alkuun asti, lähes puoli vuotta. Tänä aikana Luther oli tiiviissä kirjeenvaihdossa valtiopäiville osallistuneiden Philipp Melanchtonin ja Justus Jonaksen kanssa. Ahkerasti Luther kirjoitti myös vaimolleen Katharinalle Wittenbergiin. Lisäksi hän saksansi osia Raamatusta ja laati 16 tunnustus- ja kiistakirjoitusta.

Augsburgin valtiopäivien avaamista lykättiin kahdesti ja uskontoon liittyviä kiistoja päästiin siksi käsittelemään vasta kesäkuun lopulla. Katolilaiset pitivät Lutherin kannattajia kerettiläisinä eivätkä halunneet keskustella julkisesti heidän kanssaan, vaan pyrkivät siirtämään asian käsittelyn perustettavalle komitealle. Tätä evankeliset eli protestantit eivät voineet hyväksyä, koska he olisivat siinä tapauksessa jääneet vähemmistöön. Keisari suostui lopulta ratkaisemaan ongelman niin, että valtiopäivillä luettiin 25. kesäkuuta 1530 julkisesti pääosin Philipp Melanchtonin latinaksi ja saksaksi muotoilema, mutta myös Martti Lutherin hyväksymä tunnustuskirja Confessio Augustana. Tämän asiakirjan artikloissa 1-21 reformaattorit pyrkivät todistamaan, että heidän uskonsa ja oppinsa on sopusoinnussa Raamatun ja perinteen kanssa. Artikloissa 22-28 taasen luetellaan katolisessa kirkossa heidän mielestään vallitsevat epäkohdat ja kerrotaan, miten ne voitaisiin korjata.

Lutherin oleskelusta Coburgin linnassa vuonna 1530 on säilynyt paljon yksityiskohtaisia tietoja, toisin kuin hänen varhaisemmista vierailuistaan Coburgin kaupungissa. Todennäköisesti Luther kävi Coburgissa jo vuonna 1510, kun hän oli erään toisen munkin kanssa jalkaisin matkalla Roomaan, ja taas muutaman kuukauden kuluttua sieltä palatessaan. Lutherilla oli tällä matkalla oppaanaan eräs pyhiinvaeltajille tarkoitettu kirja, jonka mukaan ainut kelvollinen reitti Erfurtista Roomaan kulkee Coburgin kautta. Tästä Lutherin Coburgin vierailusta ei kuitenkaan ole säilynyt kirjallisia todisteita. Sen sijaan tiedetään varmasti, että keväällä 1518 Luther matkusti Coburgin kautta Heidelbergissä järjestettyyn väittelytilaisuuteen. Saman vuoden syksyllä Luther kävi Coburgissa kahdesti, matkustaessaan Augsburgiin ja sieltä palatessaan.

Lutherin asuinhuone Coburgin linnassa.

Veste Coburg Noin 150 metriä kaupungin keskustaa ylempänä kohoavaa Coburgin linnaa kutsutaan usein Frankenin kruunuksi; se on eräs Saksan suurimmista ja parhaiten säilyneistä puolustuslinnoista. Matkailijat voivat täällä tutustua niihin kahteen huoneeseen, joissa Luther asui ja työskenteli huhtikuusta lokakuun alkuun vuonna 1530. Toisen huoneen seinällä on psalmin 118 latinankielinen lause, jonka Luther oli kirjoittanut muistoksi oleskelustaan: *Non moriar sed vivam et narrato opera Domini* – Minä en kuole vaan elän ja kerron Herran teoista. Nähtävänä on myös Lutherille kuulunut Hedwigin pikari, todennäköisesti 1100-luvulla Lähi-idässä valmistettu lasinen juoma-astia, joka kuului aikoinaan vaaliruhtinas Fredrik Suuren pyhäinjäännöskokoelmaan. Lutherin oleskelusta Coburgin linnassa on tehty lyhyt filmi, jota esitetään linnan pohjakerroksessa. Siellä sijaitseva kappeli on myös nimetty Lutherin mukaan.

Vaaliruhtinas Fredrik Suuri palkkasi vuonna 1505 Lucas Cranach vanhemman hovimaalariksi Wittenbergiin. Uransa alussa Cranach asui kuitenkin puoli vuotta Coburgin linnassa, osallistui sen ympäristössä ruhtinaiden metsästysretkiin, teki eläin- ja metsästysaiheisia puupiirroksia ja koristeli linnan juhlasalin seinämaalauksilla. Aikalaisten erittäin todenmukaisiksi ylistämät seinämaalaukset ovat tuhoutuneet, mutta Coburgin linnassa on nykyisin kolmisenkymmentä Lucas Cranach vanhemman ja viisi Lucas Cranach nuoremman maalausta. Pääosa näistä on esillä linnan ylimmässä kerroksessa. Lisäksi linnassa on muiden taiteilijoiden teoksia, kuten Augsburgin tunnustuksen lukemista esittävä maalaus 1600-luvun alkupuolelta. Linnan kulttuurihistoriallisissa kokoelmissa on sota- ja metsästysaseita, haarniskoja, kidutusvälineitä, rahoja, mitaleita, kunniamerkkejä, lasiesineitä – ja tiettävästi Euroopan vanhimmat ajokelpoiset hevosvaunut.

Coburgin linnaan kannattaa kiivetä myös sen muureilta avautuvien maisemien vuoksi: pohjoisessa näkyy Thüringenin, idässä Frankenin metsäalue, lännessä siintää Rhön-vuoristo.

Veste Coburg 1

Wormsin Lutherdenkmal-muistomerkissä on 12 patsasta ja suuri joukko reliefejä. Tässä korkokuvassa Luther on kuultavana Wormsin valtiopäivillä vuonna 1530.

Worms

Pyhän saksalais-roomalaisen keisarikunnan tärkeimmät päätökset tehtiin kokouksissa, joita kutsuttiin keskiajan lopulta lähtien valtiopäiviksi. Vaikka valtiopäivät käyttivät keisarikunnan korkeinta valtaa, niitä järjestettiin epäsäännöllisin väliajoin ja useissa eri kaupungeissa. Valtiopäivien koollekutsuja oli kuningas (paavilta vastaan ottamansa kruunauksen jälkeen arvonimeltään keisari), joka myös päätti, mitä asioita valtiopäivillä käsiteltiin. Valtiopäivien vaikutusvaltaisimpia osanottajia olivat ne seitsemän vaaliruhtinasta, jotka valitsivat kuninkaan. Valtiopäiville osallistui myös suuri joukko muita aatelisia ja hengellisen säädyn edustajia. Tärkeimmillä kaupungeilla, jotka olivat lähes riippumattomia keisarin ja ruhtinaiden hallinnosta, oli samoin oikeus lähettää valtiopäiville edustajansa.

Vuonna 1521 valtiopäivät oli kutsuttu koolle Wormsiin, joka oli eräs Pyhän saksalais-roomalaisen keisarikunnan keskuksista, vaikka siellä oli vain noin 6 000 asukasta. Valtiopäivillä oli tarkoitus käsitellä valtakunnan hallinnollisia asioita ja varautumista turkkilaisten aiheuttamaan sotilaalliseen uhkaan. Nämä Wormsin valtiopäivät jäivät historiaan kuitenkin aivan muista syistä. Katolinen kirkko oli todennut Martti Lutherin vähän aikaisemmin kerettiläiseksi ja tuominnut hänet kirkonkiroukseen, kirkollisesta yhteisöstä karkotettavaksi. Keskiajalla tästä tuomiosta seurasi automaattisesti myös valtakunnankirous eli julistaminen henkipatoksi, toisin sanoen lain antaman suojan täydellinen menetys. Valtakunnankiroukseen ei kuitenkaan voitu tuomita ilman syytetyn kuulemista. Luther kutsuttiin siksi valtiopäiville, jonka aikana keisari Kaarle V, paavin liittolainen, halusi pakottaa hänet perumaan mielipiteensä. Kun Luther saapui 17. huhtikuuta keisarin eteen, paavin edustaja Johannes Eck vaati häntä perumaan kirjoituksensa ja luopumaan harhaopeista. Luther pyysi yllättäen lisäaikaa ja saikin luvan tulla uudelleen kuultavaksi seuraavana päivänä. Asiaa yön yli harkittuaan Luther päätti olla perääntymättä. Puolustuspuheenvuoronsa hän lopetti sanoen: ”Jollei minun sanomaani kumota Raamatun todistuksilla tai jollakin selvällä perustella – yksin paaviin tai kirkolliskokouksiin en luota, koska on varmaa, että ne ovat usein erehtyneet ja tehneet ristiriitaisia päätöksiä – olen sidottu mainitsemaani Raamatun sanaan. Niin kauan kuin omatuntoni on Jumalan sanan vanki, en voi enkä tahdo perua mitään, sillä omaatuntoa vastaan toimiminen ei ole turvallista eikä suositeltavaa. Jumala minua auttakoon. Aamen.”

Myöhemmin Lutherin on väitetty sanoneen loppupuheenvuorossaan myös ”tässä seison, enkä muuta voi”. Tätä usein lainattua lausetta ei ole kuitenkaan kirjattu kyseiseen asiakirjaan.

Raamatunkäännöksensä, muiden kirjojensa ja lentolehtisten ansiosta Martti Luther oli jo Wormsin valtiopäivien aikana tunnettu julkisuuden henkilö, suorastaan kansallissankari. Hänen rohkea päätöksensä olla perumatta kirjoituksiaan levisi siksi kulovalkean lailla kansan keskuudessa. Keisari Kaarle V ei saanut tahtoaan läpi, mutta ei voinut myöskään vangita Lutheria, koska hänelle oli myönnetty turvatakuut kolmen viikon ajaksi. Lutherin ja häntä puolustaneiden ruhtinaiden jo lähdettyä kaupungista keisari antoi Wormsin ediktinä tunnetun määräyksen, jonka perusteella Lutherin kirjojen lukeminen ja levittäminen kiellettiin ja Luther itse määrättiin valtakunnankiroukseen. Se merkitsi, että Lutheria ei saanut majoittaa, ja jokainen, joka sai hänet vangittua, oli velvollinen toimittamaan hänet Roomaan. Keisarin määräystä ei voitu kuitenkaan panna täytäntöön koko valtakunnassa: Saksin vaaliruhtinas Fredrik Viisas kiisti sen sitovuuden, koska määräyksestä oli päätetty vasta sen jälkeen, kun useimmat valtiopäiväedustajat olivat jo lähteneet Wormsista. Lutherin ollessa paluumatkalla Fredrik Viisaan miehet sieppasivat hänet Thüringenin metsässä ja veivät turvaan Wartburgin linnaan.

Reinin rannalla, Rheinhessenin viininviljelyalueella, sijaitsevassa Wormsissa on nykyisin noin 85 000 asukasta. Vuoden 1521 valtiopäivien tapahtumien lisäksi Worms tunnetaan Niebelungenin sankaritarustosta, 1100-luvulla rakennetusta tuomiokirkosta ja Euroopan vanhimmasta juutalaisesta hautausmaasta.

Lutherdenkmal Lähes kaikkien Wormsissa vierailevien matkailijoiden ohjelmaan kuuluu käynti Luther-muistomerkillä. Tämä lajissaan maailman suurin muistomerkki koostuu kahdestatoista patsaasta, joissa nähdään ennen Lutherin aikaa toimineita kirkon uudistajia, Lutherin työtovereita ja häntä tukeneita ruhtinaita. Kolme patsasta esittää naishahmoja kaupunkien vertauskuvina: ”Spyer”, jonka valtiopäivillä evankelisia alettiin 1529 kutsua protestanteiksi; ”Augsburg”, jonka valtiopäivillä hyväksyttiin 1530 kaupungin mukaan nimetty uskontunnustus ja jossa solmittiin 1555 uskonrauha sekä "Magdeburg", jonka katoliset joukot ryöstivät ja hävittivät Kolmikymmenvuotisen sodan aikana 1631. Patsaiden jalustoissa ja muistomerkin muissa osissa on lisäksi reformaation käännekohtia kuvaavia reliefejä ja varhaisten reformaatiokaupunkien vaakunoita. Rautatieasemalta noin puolen kilometrin päässä sijaitsevalle Luther-muistomerkille johtaa kävelykatu, Wilhelm-Leuschner-Straße.

Lutherring

Heylshofpark Parin sadan metrin päässä Luther-muistomerkiltä sijaitsevassa puistossa on useita taideteoksia, muun muassa pronssireliefi, jonka läpi kulkeva salama kuvaa kirkon jakaantumista. Toinen taideteos esittää jättiläiskokoisia "Lutherin kenkiä" viittaamassa sanontaan "tässä seison enkä muuta voi". Paikalla, jossa Luther seisoi kuulustelunsa aikana, on nykyisin kookas häkkimäinen metallikehikko. Tuomiokirkon kupeella, nykyisen Heylshofpark-puiston alueella, oli 1600-luvun loppulle asti Wormsin piispan hallintopalatsi, jossa keisari Kaarle V asui vuoden 1521 valtiopäivien aikana.

Heylshofpark

Kuningas Kustaa II Aadolf kaatui Lützenin taistelussa 6. marraskuuta 1632. Nyt paikalla on kappeli, jossa myös Kolmikymmenvuotiseen sotaan osallistuneiden suomalaisten muisto on näkyvästi esillä.

Lützen

Gustav-Adolf-Gedenkstätte Vain harvat suomalaiset ovat kuulleet Leipzigin lounaispuolella sijaitsevasta pikkukaupungista, jonka nimi on Lützen. Suomessa Lützen tunnetaan toisella nimellä, Porilaisten marssin alkusäkeestä: ”Pojat, kansan urhokkaan, mi Puolan, *Lützin*, Leipzigin ja Narvan mailla vertaan vuoti...” Tämän alun perin Sakari Topeliuksen ja myöhemmin Johan Ludwig Runebergin ruotsiksi kirjoittaman runon suomensi Paavo Cajander vuonna 1889; todennäköisesti Lützenistä tuli tässä yhteydessä Lütz vain säkeen edellyttämän poljennon takia. Leipzig puolestaan on mukana siksi, että suomalaiset kunnostautuivat pari vuotta aikaisemmin sen pohjoispuolella käydyssä Breitenfeldin taistelussa.

Viimeinen suuri uskonsota Euroopassa, Kolmikymmenvuotinen sota, syttyi sata vuotta sen jälkeen, kun Martti Luther oli kirjoittanut anekauppaa vastustavat teesinsä. Sota olisi todennäköisesti päättynyt katolisten joukkojen voittoon ja luterilaisuuden kukistamiseen, ellei Ruotsin kuningas Kustaa II Aadolf olisi päättänyt liittyä taisteluun. Kustaa Aadolf toi ensimmäisen, noin 14 000 miestä käsittäneen sotajoukkonsa kesällä 1630 Itämeren yli ja nousi maihin Rügenin saaren lähellä Etu-Pommerissa. Maihinnousun jälkeen joukot etenivät nopeasti maan keskiosiin, löivät keisarillisen armeijan Breitenfeldissä, valtasivat Marienburgin piispanlinnan Würzburgissa ja miehittivät laajoja alueita Etelä-Saksassa. Onnistuneiden sotatoimien myötä "Pohjolan leijonasta" tuli luterilaisuuden esitaistelija. Protestanttien toisena suurena sankarihahmona Martti Lutherin rinnalla Kustaa Aadolfia alettiin pitää kuitenkin vasta sen jälkeen, kun hän oli kaatunut Lützenin taistelussa 6. marraskuuta 1632.

Kustaa Aadolfin kuolemaan johtaneista tapahtumista ei ole säilynyt täysin luotettavaa todistusaineistoa. Heikon näkyvyyden vuoksi Kustaa Aadolf oli ilmeisesti harhautunut liian lähelle vastustajan ratsuväkeä. Teräshaarniskan sijasta kuningas oli pukeutunut hirvennahkaiseen takkiin; eräs aikaisempi ampumahaava esti haarniskan käytön. Taistelun tauottua toinen Kustaa Aadolfin henkivartijoista päätti vierittää suuren siirtolohkareen paikalle, jossa kuningas oli kuollut. Hän sai apua seudun talonpojilta, mutta lohkaretta ei silti onnistuttu siirtämään aivan oikeaan kohtaan. Keisarilliset joukot olivat nimittäin kaivaneet Leipzigiin johtavan tien vierelle juoksuhautoja, joiden takia muistokivi jäi muutaman kymmenen metrin päähän sille tarkoitetusta paikasta.

Pari sataa vuotta myöhemmin Preussin johtoon nousi kuningas Fredrik Vilhelm III, joka oli erityisen suopea luterilaisuutta kohtaan. Tämä ilmeni myös siinä, että hän ja hänen seuraajansa myönsivät valtion varoja luterilaisuuteen liittyvien muistomerkkien pystyttämiseen ja kunnostamiseen. Kustaa II Aadolfin muistoksi vieritetty vaatimaton siirtolohkarekin sai vuonna 1837 valurautaisen suojakatoksen, jonka piirsi eräs tuon ajan tunnetuimmista arkkitehdeista, Karl Friedrich Schinkel. Muistokiven viereen rakennettiin 1900-luvun alussa harmaasta kalkkikivestä muistokappeli ja myöhemmin sen lähelle pystytettiin vielä kaksi Ruotsista tuotua puutaloa. Nämä yhdessä muodostavat kokonaisuuden, johon matkailijat voivat tutustua omatoimisesti lainattavan ääniopastuslaitteen, audioguiden avulla. Suomen kieli ei kuulu tämän opastuslaitteiston valikoimaan, mutta nauhoitettua selostusta voi kuunnella paitsi saksaksi myös muun muassa ruotsiksi. Muistokiven, kappelin ja toiseen puutaloon sijoitetun pienen museon tutkimiseen kannattaa varata vähintään pari tuntia. Alueen rajanaapurina on pieneläintarha, jonka lemmikkieläimet houkuttelevat varsinkin lapsiperheitä. Tarhan aitauksissa on myös nähtävänä Saksan metsien tavallisimpia hirvieläimiä.

Suomalaiset osallistuivat 30-vuotiseen sotaan suuremmalla joukolla kuin Suomen asukasluku olisi edellyttänyt: Ruotsi-Suomen armeijan jalkaväestä noin 40 prosenttia oli suomalaisia ja lähes yhtä suuri prosenttiosuus ratsuväestä oli suomalaisia "hakkapeliittoja". Muistokappelissa suomalaisuus näkyy kappelin sivuikkunoita koristavissa sukuvaakunoissa: kymmenestä vaakunasta neljä kuuluu suomalaisille upseereille, jotka lukeutuivat Kustaa Aadolfin lähimpiin miehiin. Lisäksi kappelin alttarin oikealla puolella on Suomen lippu ja standaari, jonka latinankielinen teksti ylistää suomalaisten panosta. Olavi Antila ja Juha E. Tetri arvioivat Hakkapeliittain jäljillä -kirjassa, että suomalaisia kaatui 30-vuotisessa sodassa suurin piirtein yhtä paljon kuin jatkosodassa: 50 000-60 000 miestä. Kolmikymmenvuotisen sodan uhreihin on Suomessa kuitenkin kiinnitetty vain vähän huomiota. Marsalkka Carl Gustaf Emil Mannerheim osallistui tosin Lützenin taistelun 300-vuotisjuhlaan vuonna 1932. Olavi Antilan mukaan Mannerheimin osallistuminen oli hänen omaa ja sanomalehti Uuden Suomen ansiota, hallituksen kiinnostus asiaa kohtaan oli sen sijaan "vaimeaa".

Lützenin keskustassa, osoitteessa Schlossstraße 4, sijaitsevan linnan museossa on 30-vuotiseen sotaan liittyvä dioraama. Se kuvaa taistelun kulkua juuri sillä kohtalokkaalla hetkellä, jolloin muskettisoturin ampuma luoti osuu Kustaa Aadolfiin ja hän putoaa hevosensa satulasta. Dioraamassa nähdään yli 3600 tinasotilasta, todellisuudessa taisteluun osallistui yli 40 000 miestä, joista noin 12 000 kaatui.

Parin kilometrin päässä Lützenin keskustasta on filosofi Friedrich Nietzschen kotimuseo. Se on Röckenin entisessä pappilassa, jossa Nietzsche syntyi ja asui ensimmäiset viisi elinvuottaan.

Gustaf-Adolf-Straße 42

Kun Luther oli keväällä 1521 määrätty saapumaan Wormsin valtiopäiville kuultavaksi, Wittenbergin kaupunki varusti hänet matkaan tämännäköisillä vaunuilla.

Lutherin matkoista

Matkustaminen oli keskiajalla ja vielä pitkään uuden ajan alussakin hidasta ja vaarallista, siksi matkalle ei yleensä lähdetty yksinään. Saksan sisämaassa matkaa taitettiin - jos jokien ylityksiä ei oteta huomioon - kävellen, ratsain tai hevosten vetämien vaunujen kyydissä.

Martti Lutherin jalkaisin tekemistä matkoista mainitaan usein kesän 1505 patikointi, kun hän oli palaamassa vanhempiensa luota Mansfeldista opiskelukaupunkiinsa Erfurtiin. Stotternheimin kylän lähellä, vajaan kymmenen kilometrin päässä Erfurtista, hän joutui ankaraan rajuilmaan. Ukkosmyrskystä pelastuttuaan Luther päätti luopua oikeustieteen opinnoista ja siirtyä Erfurtin augustinolaisluostariin. Munkit kulkivat jalkaisin pitkiäkin matkoja. Myös Luther teki nuorena munkkina elämänsä pisimmän matkan jalkapatikassa: hän käveli erään toisen munkin kanssa veljeskuntansa asioilla Wittenbergistä tai mahdollisesti Erfurtista Roomaan ja takaisin. Tämä pitkä vaellus alkoi myöhäissyksyllä 1510, ehkä kuitenkin vasta seuraavana vuonna. Matka kesti kaikkiaan viitisen kuukautta, josta Luther vietti perillä Roomassa noin kuukauden. Menomatka tehtiin Sveitsin kautta, paluu itäisempää reittiä muun muassa Brennerin solan ja Augsburgin kautta. Keskimäärin Lutherin ja hänen kumppaninsa on arvioitu taivaltaneen Roomanmatkallaan 28 kilometriä päivässä. Tällaiset päivämatkat olivat kesäisin tasamaalla kuljettaessa tavanomaisia, mutta tällä matkalla Luther ja hänen kumppaninsa joutuivat ylittämään Alpit mennen tullen keskellä talvea. Matkan rasittavuutta lisäsi, että he vaelsivat paastopäivien ja -jaksojen vuoksi ajoittain heikosti ravittuina.

Lutherin ratsain tekemistä matkoista on vain niukasti tietoja. Joulukuun 1521 alussa Luther lähti Wartburgin linnasta käymään salaa Wittenbergissä. Tämän edestakaisen matkan hän teki oman turvallisuutensa vuoksi tiettävästi ritarin valepuvussa ratsain. Vaikka Lutherin ratsain tekemistä matkoista tiedetään vain vähän, erästä hänen ratsastamiseen liittyvää toteamustaan siteerataan usein: ”Maailma muistuttaa juopunutta talonpoikaa: kun hänet autetaan yhdeltä puolelta hevosen selkään, hän putoaa toiselle puolelle.”

Hevosten vetämiä vaunuja, joiden nahkainen kuomu suojasi matkustajia sateelta ja auringon paahteelta, oli jo keskiajalla. Lutherin aikana näissä vaunuissa ei yleensä kuitenkaan ollut jousitusta, joten matkustaminen kuoppaisilla kärrypoluilla oli rasittavaa. Kun Luther oli määrätty kuultavaksi Wormsin valtiopäiville keväällä 1521, Wittenbergin kaupungin raati antoi Lutherin seurueelle matkaa varten käyttöön kuomulla varustetut vaunut. Näiden vaunujen ulkoasu tunnetaan hyvin, koska ne on kuvattu kahdessa tuolta ajalta säilyneessä kuparipiirrok-

Polkupyörä on ympäristöystävällinen ajoneuvo teemamatkalla Luther-kaupunkeihin. Jos aika tai voimavarat eivät riitä kaikkien kohteiden kiertämiseen polkemalla, pyörän voi kuljettaa kätevästi osan matkasta junalla.

sessa. Näistä kuomuvaunuista tehtiin reformaation 500-vuotisjuhlien edellä mahdollisimman tarkoin alkuperäisiä vaunuja muistuttava rekonstruktio, joka oli juhlavuonna 2017 esillä Wartburgin linnan pihalla. Vaunuja ohjaava apumies ratsasti hevosen selässä tai käveli sen vieressä, koska vaunuissa ei vielä tuohon aikaan ollut ajurinpenkkiä. Keskiajalla vaunuissa ei myöskään ollut metallisia akseleita: Wartburgissa esillä olleiden vaunujen akselit on valmistettu saarnesta. Tällaisten vaunujen kaatuminen oli usein kohtalokasta. Kun Katharina Luther oli joulukuussa 1552 ruton vuoksi pakomatkalla Wittenbergistä, häntä kuljettaneet vaunut suistuivat tieltä vähän ennen Torgauta, ja hänen lonkkansa murtui. Katharina kuoli lonkkamurtuman jälkiseurauksiin kolme viikkoa myöhemmin.

Magdeburg, Wittenberg ja Torgau sijaitsevat suositun Elberadweg-pyöräreitin varrella.

Vinkkejä Saksassa matkustamiseen

Autolla tai moottoripyörällä

Hyödyllisiä taustatietoja omalla autolla Saksaan matkustaville on esimerkiksi nettisivuilla finnlines.com/fi/laivamatkat/hyva-tietaa/vinkkeja-automatkaa-varten sekä sivulla autoliitto.fi/matkakohde/saksa. Useimmat Saksan suurista kaupungeista, kuten tässä oppaassa esitellyt Magdeburg, Halle, Leipzig ja

Erfurt, pyrkivät parantamaan keskusta-alueittensa ilmanlaatua rajoittamalla autoilua. Nämä kaupungit ovat ottaneet käyttöön niin kutsutut ympäristövyöhykkeet, joiden sisäpuolella saa ajaa vain tietyt päästörajat alittavilla ajoneuvoilla. Oman auton vähäpäästöisyys on todistettava Umweltzone-tarralla. Tällaisen tarran voi hankkia jo ennen matkalle lähtöä Autoliitosta tai Saksassa katsastustoimipaikoilta ja monilta huoltoasemilta (todistuksena vähäpäästöisyydestä vaaditaan kopio ajoneuvon rekisteröintitodistuksen teknisestä osasta). Lisätietoja toimitusajoista ja muista yksityiskohdista on nettisivulla autoliitto.fi/matkailu/matkailun-asiapaperit/saksan-ymparistotarra. Ympäristövyöhykkeiden rajoitukset koskevat vain nelipyöräisiä ajoneuvoja, eivät moottoripyöriä.

Kunkin tässä oppaassa mainitun kohteen jäljessä on mainittu se katuosoite, joka vie parhaiten perille, kun osoite kirjoitetaan navigaattoriin. Kyseisen kaupungin nimi kannattaa näppäillä navigaattoriin huolella. Tässä oppaassa esiintyvä Halle on Saale-joen varrella; kaupungin virallinen nimi Halle (Saale) erottaa sen Saksan muista Halle-nimisistä paikkakunnista. Myös Wittenbergiin ajettaessa kannattaa navigaattorin kanssa olla tarkkana, yhden ainoan e-kirjaimen vuoksi: Wittenberge sijaitsee saman Elbejoen varrella kuin Wittenberg, mutta vähintään parin tunnin ajomatkan päässä.

Junalla

Saksan tiheän rataverkon ansiosta juna sopii mainiosti Luther-teemamatkan kulkuneuvoksi. Oppaassa mainituista 16 kohdepaikkakunnasta useimpiin voi halutessaan matkustaa nopeilla Intercity-Express- eli ICE-junilla, Lutherstadt Eislebeniin ja Torgauhun Intercity- eli IC-junilla ja Schmalkaldeniin paikallisjunilla. Vain Mansfeld, Möhra ja Lützen sijaitsevat rataverkon ulkopuolella.

Lutherweg-vaellusreitin taukopaikoilta saa tietoja lähistön nähtävyyksistä ja matkailupalveluista. Tämä ruokailukatos-infopiste on Unterrißdorfissa, Eislebenin lähellä. Toisin paikoin, kuten Coburgin linnan lähellä, Lutherweg seuraa samaa uraa kuin Jakobsweg.

Junamatkan reitin ja aikataulun suunnittelu on kätevää bahn.de-nettisivustolla, josta liput voi myös ostaa ja tulostaa. Ensinnä avautuvalla sivulla tulee ruksata ruutu *Nur Nahverkehr*, jos etsii tietoja vain lähiliikenteestä. Nimestään huolimatta monet lähiliikenteen junat kulkevat myös pitkillä reiteillä ja usein varsin joutuisasti. Lähiliikenteen juniin saa ostaa edullisia näyttölippuja, esimerkiksi koko Saksan alueella arkipäivinä voimassa olevia *Quer-durchs-Land-Ticket* -lippuja ja joko lauantaina tai sunnuntaina voimassa olevia *Schönes-Wochenen-*

de-Ticket -lippuja. Nämä yhden päivän ajan voimassa olevat näyttöliput tulevat erikoisen edulliseksi, jos seurueeseen kuuluu useita matkalaisia: ensin mainitulla lipulla voi matkustaa enimmillään viisi, jälkimmäisellä jopa kuusi henkilöä. Koska nämä liput ovat voimassa koko maassa, niillä voi aikataulun salliessa matkustaa myös Baijerissa sijaitsevaan Coburgiin tai Rheinland-Pfalzissa sijaitsevaan Wormsiin asti.

Matkustettaessa muihin tässä oppaassa kuvattuihin Lutherkaupunkeihin, kannattaa useimmissa tapauksissa käyttää *Länder-Ticket* -näyttölippuja, jotka ovat voimassa yhdessä, kahdessa tai kolmessa osavaltiossa. Jos matkan Saksan osuus alkaa Berliinistä, on Lutherin jalanjälkiä seuraavalle matkailijalle – tai ainakin pienryhmälle – useimmiten edullisinta ostaa alkumatkaa varten *Berlin-Brandenburg-Ticket*, jolla voi matkustaa Lutherstadt Wittenbergiin asti, vaikka se sijaitsee Brandenburgin eteläpuolella, nipin napin Saksi-Anhaltin osavaltion puolella. Täältä voi jatkaa Wittenbergiin tutustumisen jälkeen *Sachsen-Anhalt-Ticket* -näyttölipulla, joka on voimassa myös Thüringenissä ja Saksissa. Vastaavasti *Thüringen-Ticket* ja *Sachsen-Ticket* ovat nimistään huolimatta voimassa myös Saksi-Anhaltissa.

Myös moniin ICE- ja IC-junien vuoroihin myydään etukäteen ostettaessa lippuja huomattavasti alennetuilla hinnoilla. Niistä löytyy tietoja bahn.de -aloitussivun kohdasta *Sparpreisfinder.*

Polkupyörällä

Pyörämatkailun suosiosta todistaa, että yli neljä miljoonaa saksalaista teki vuonna 2017 vähintään kolme yöpymistä sisältävän pyörämatkan. Saksan suosituin pyörämatkailureitti on Tšekin puolelta alkava, muun muassa Dresdenin ja Hampurin kautta Pohjanmeren rannalle Cuxhaveniin johtava *Elberadweg.*

Tämän oppaan kohteista sen varrella sijaitsevat Magdeburg, Lutherstadt Wittenberg ja Torgau. Thüringenin suurimpia kaupunkeja yhdistävä *Radfernweg Thüringer Städtekette* -pyöräreitti kulkee puolestaan muun muassa Eisenachin, Erfurtin, Weimarin ja Jenan kautta. Myös Elben ja Thüringenin välillä on hyvin viitoitettuja pitkän matkan pyöräreittejä, kuten Hallen kautta kulkeva *Saale-Radwanderweg*.

Jos aikaa on käytettävissä rajoitetusti ja haluaa silti tutustua pyörämatkalla mahdollisimman moniin Luther-kaupunkeihin, kannattaa välillä siirtyä paikasta toiseen junan kyydissä. Pyörän kuljettaminen paikallisjunissa on yksinkertaista, koska polkupyörälle ei tarvita paikanvarausta. Ruuhka-aikoina, kuten loppukesän lomakaudella, voi tosin joutua odottelemaan myöhäisempää junaa, jos kaikki pyöränkuljetustilat ovat täynnä. Paikallisjunia käytettäessä on pyörälle ostettava kulloinkin yhden päivän ajan voimassa oleva pyörälippu, mutta Luther-matkailun keskeisissä osavaltioissa, Saksi-Anhaltissa ja Thüringenissä, pyörän saa ottaa junaan mukaan ilmaiseksi. Pyörämatkailu on Saksassa niin laajamittaista, että maan tärkeimpien pyöräreittien varsille on järjestetty erityisiä ”pyörätiekirkkoja”. Pelkästään Keski-Saksan evankelisen kirkon alueella näitä Suomen Tiekirkkoja vastaavia, pääsiäisestä lokakuun loppuun asti avoinna olevia kirkkoja on 59. Pyörätiekirkkojen sijainti ilmenee nettisivulta *radwegkirchen.de.*

Saksassa pyöräreitit on viitoitettu selkeästi ja yhdenmukaisesti. Siitä huolimatta ja sen rinnalla pyörämatkalaiset käyttävät joko paperille painettuja tai puhelinten karttoja tai GPS-laitteita. Tarkka kartta on tarpeellinen apuväline varsinkin silloin, jos siirtyy pyöräreitiltä toiselle muita kuin yksinomaan pyöräilijöille tarkoitettuja teitä pitkin.

Jalkaisin

Martti Lutherin jalanjäljille voi lähteä aivan sananmukaisesti patikoimalla *Lutherweg*-vaellusreittiä. Yhtenäisesti viitoitettu, yli 2300 kilometriä pitkä Lutherweg yhdistää toisiinsa reformaatiohistorian tärkeimmät tapahtumapaikat: myös kaikki tässä oppaassa esitellyt paikkakunnat Lützeniä lukuun ottamatta ovat sen varrella. Reitistö koostuu useista rengasmaisista lenkeistä ja niiden sivuhaaroista. Esimerkiksi Eisenachin läheltä Wormsiin johtava pitkä reittiosuus on viitoitettu suurelta osin samoille poluille ja teille, joita Luther käytti vuonna 1521 matkallaan Wormsin valtiopäiville.

Monet Lutherwegin reittiosuudet soveltuvat myös pyöräilyyn, joten vaeltajille tarkoitettujen opasteiden lisäksi samoilla teillä näkyy myös pyöräreittien viittoja. Lutherwegillä liikutaan usein myös vanhoilla maanteillä, kuten matkalla Hallesta Eislebeniin.

Yleiskuvan Lutherweg-reiteistä saa nettisivun lutherweg.de avaussivun kartasta. Lähes puolet, yli 1000 kilometriä, Lutherwegistä on Thüringenin osavaltion alueella. Thüringenissä liikkuvien Luther-matkailijoiden kannattaa ladata puhelimeensa maksuton *Luther to go* -sovellus. Se on nimestään huolimatta saksankielinen; sovelluksen kartoista on paljon apua, vaikka saksankielinen teksti tuntuisikin vieraalta.

Turisti-infot auttavat auliisti

Milloin museo tai kirkko on auki, mistä löytyy vessa, millaisia ravintoloita lähistöllä on tarjolla? Näihin ja muihinkin turistien kysymyksiin saa ilmaiset, ja yleensä parhaat, vastaukset kaupungin matkailutoimistosta. Jos kartan tihrustaminen omasta puhelimesta tuntuu hankalalta, sieltä saa painetun kaupunkikartan. Matkailutoimistosta saa myös ostaa liput kiertoajelulle tai opastetulle kiertokävelylle. Lisäksi useimmat matkailutoimistot myyvät postikortteja, postimerkkejä ja matkamuistoja. Vaikka varsinkin varttuneempi väki Saksan uusissa osavaltioissa puhuu usein vain saksaa, matkailutoimistoissa osataan myös englantia. Monet matkailutoimistot huolehtivat myös lähialueensa matkailuneuvonnasta.

Matkailutoimisto löytyy tavallisesti kaupungin keskustasta, usein torin (”Markt”) tai vastaavan keskusaukion laidalta. Auton navigaattoriin tai muuhun muistiinpanovälineeseen kannattaa kuitenkin varmuuden vuoksi näppäillä etukäteen omalla matkalla kyseeseen tulevat osoitteet:

Coburg: Herrngasse 4
Eisenach: Markt 24
Erfurt: Benediktsplatz 1
Halle (Saale): Marktplatz 13
Jena: Markt 16
Leipzig: Katharinenstrasse 8
Lutherstadt Eisleben: Markt 22
Lutherstadt Wittenberg: Schlosssplatz 2
Magdeburg: Breiter Weg 22
Schmalkalden: Auer Gasse 6-8
Torgau: Markt 1
Weimar: Markt 10
Worms: Neumarkt 14

Kirjallisuutta

AGRELL, GÖRAN, STRÖMMER, PETER: *I Luthers fotspår – en resebiografi*. Tukholma: Cordia/Verbum, 2010

ANTILA, OLAVI, TETRI, JUHA E: *Hakkapeliittain jäljillä: Suomalaiset Euroopan sotakentillä*. Jyväskylä: Gummerus Kustannus Oy, 2001

ARFMANN, KAARLE: *Auttamisen vallankumous*. Helsinki: Suomalaisen Kirjallisuuden Seura, 2008

BIRKENMEIER, JOCHEN: *Das Lutherhaus in Eisenach*. Eisenach: Stiftung Lutherhaus Eisenach, 2015

BIRKENMEIER, JOCHEN: *Luthers Land: Eine Zeitreise nach Sachsen-Anhalt und Thüringen*, Meßkirch: Gmeiner-Verlag GmbH, 2016

DÜLMEN, ANDREA van, suomentajat SAVOLAINEN, PANU; OJALA, JORMA: *Martti Luther: Elämä, teot ja kirjoitukset*. Turku: IdeaNova Oy, 2002

DÜLMEN, ANDREA van: *Luther-Chronik: Daten zu Leben und Werk*, Heimbach/Eifel: Patrimonium-Verlag, Überarbeitete Neuauflage, 2017

HEILMEYER, FLORIAN: *Reformationsland: Eine Reise zu 28 vom Bund geförderten Reformationsstätten in Sachsen, Sachsen-Anhalt und Thüringen*. Berlin: Presse- und Informationsamt der Bundesregierung, 2017

HEININEN, SIMO: *Mikael Agricola: Elämä ja Teokset*. Helsinki: Edita Publishing Oy, 2007

HELIN, IRMELI: *Nachhaltige Botschaft in den Stürmen der Geschichte*. Helsinki: Aue-Stiftung, 2017.

HOFFMANN, WOLFGANG: *Martin Luther: Ein Führer zu bedeutenden Wirkungsstätten des Reformators in Deutschland*, Wernigerode: Schmidt-Buch-Verlag, 2017

HOKKINEN, LAURI: Pyörämatkailijan Saksa. Helsinki: Aue-säätiö, 2016

JUNKKAALA, TIMO: *Oikein väärin ymmärretty Luther*. Kauniainen: Perussanoma Oy, 2017

KARES, OLAVI: *Luther: Henkilökuva ja kehitysaika*. Helsinki: Werner Söderström Osakeyhtiö, 1944

KRAUß, JUTTA: *Die heilige Elisabeth von Thüringen.* Verlag Schnell & Steiner, Regensburg, 2011

REICHEL, MAIK: *Gustav-Adolf-Gedenkstätten in Lützen und Weißenfels.* Lützen: Stadt Lützen, 2009

RESTON, JAMES JR, suomentaja MIKKONEN, RISTO: *Lutherin linnake – uskonpuhdistus uhan alla.* Kuopio: Scanria Oy, 2016

SPRINGER, MARKUS (Toim.): *Die Cranachs: Malerwerkstatt der Reformation.* München: Evangelischer Presseverband für Bayern e.V., Sonntagsblatt-THEMA, Ausgabe 6/2014

STADE, HEINZ, SEIDEL, THOMAS A.: *Unterwegs zu Luther: Eine Reise durch 50 Lutherorte.* Weimar, Eisenach: Wartburg Verlag GmbH, 2010

Valokuvaajat ja kuvaoikeuksien haltijat

Foto Kunstmann Leipzig/Auerbachs Keller Leipzig, s. 94

Hufnagl, Tim/Stiftung Luthergedenkstätten in Sachsen-Anhalt, s. 93

Kemilä, Olli, s. 39 ja 111

Krieg, Harald/IMG Investitions- und Marketinggesellschaft Sachsen-Anhalt mbH, s. 79

Kunstsammlungen der Veste Coburg, s. 116-117 ja 119

Voigt, Klaus-Peter/Stiftung Luthergedenkstätten in Sachsen-Anhalt, s. 66

Wartburg-Stiftung, Kansikuva ja s. 27

Kaikki muut kuvat: © Lauri Hokkinen